Ema Plopiș
Pledoarie pentru umanitate

I0192778

Ema Plopiş

Pledoarie
pentru umanitate

Editura Eagle
2018

Servicii editoriale: Editura Virtuală
Redactare şi corectură: Adrian Petcu
Tehnoredactare: Mihaela Sipoş
Coperta: Mihai Moldoveanu
Ilustraţia: Dreamstime

ISBN 978-606-8790-07-7
office@edituraeagle.ro

Descrierea CIP a Bibliotecii Naţionale a României
PLOPIŞ, EMA
    Pledoarie pentru umanitate / Ema Plopiş. - Buzău : Eagle, 2018
    ISBN 978-606-8790-07-7

821.135.1

Această carte este dedicată soțului meu, pentru infinita sa răbdare și iubire, fiului meu, care mă învață zilnic lecția iubirii altruiste, mamei mele, fără de care nu aș exista, surorilor mele, pentru dragostea lor necondiționată și familiei, pentru susținere și încurajare.

Mulțumesc lui Dumnezeu, cel care face totul posibil și vieții, pentru toate binecuvântările sale.

Mulțumesc Editurii Virtuale, cu ajutorul căreia această carte poate apărea strălucitoare în fața voastră.

Iubire și recunoștință către toate ființele!
Iubire și recunoștință către Mama Pământ!
Namaste!

Cuvânt înainte

Mesajul din această carte reprezintă contribuția mea la Binele Comun al tuturor ființelor. Este partea mea din Absolut, suflul interior, la rându-i parte din Tot ce există. Este darul oferit cu iubire oricui este deschis să-l primească.

Mesajul din această carte reprezintă o viziune asupra vieții prin prisma experiențelor mele interioare. Este procesul meu de transformare de la omidă la fluture, modul în care am învățat să mă iubesc și să mă accept cu adevărat. Îmi propun să-ți arăt și ție cum poți învăța să te iubești și să fii fericit, dincolo de orice clișeu.

Mesajul din această carte reprezintă extraordinara unealtă cu ajutorul căreia și doar prin trăirile tale de om obișnuit, să devii ființa minunată care ești.

Mesajul din această carte a fost scris cu iubire, din iubire, astfel încât fiecare cititor să poată descoperi dragostea infinită pe care o are în interior, dar și dragostea nepământeasca, dincolo de înțelegerea umană, a divinității față de el.

Acest mesaj își propune să te scoată din întuneric și să te facă să-ți dorești să fii cea mai bună versiune a ta. Să fii autentic, original, să fii tu însuți.

Prin această carte, mă adresez oricui își dorește să-și ia viața în propriile mâini și, cu ajutorul ghidării divine, să-și construiască o viață plină de bucurie și pace interioară.

Dacă este acceptat, prin intermediul inimii, direct în suflet, mesajul din această carte poate duce la transformări profunde în fiecare dintre voi. Nu trebuie decât să-ți ții mintea deschisă și să scurtcircuitezi puțin gândirea rațională.

Cu profundă recunoștință și iubire,
Ema.

Cartea întâi

Cine sunt eu? Ce sunt eu? Simt o liniște nemăsurată, simt plenar binecuvântarea păcii!

Mașina mă zguduie brutal și, după ce derapăm câțiva metri, ne oprim în rigola de pe marginea drumului.

Totul a început cu accidentul de mașină. Întreaga mea perspectivă asupra vieții s-a schimbat în cele câteva secunde de pace mentală dinaintea impactului. S-ar fi putut încheia tragic, dar am scăpat cu o fractură la mâna stângă, care s-a remediat după două săptămâni de purtat gips. Ciudată treabă să te descurci numai cu o singură mână când ești învățat cu două.

Eu trăiesc prin deviza că nimic nu e întâmplător. Ceea ce mi s-a întâmplat a fost o trezire a conștiinței mele adormite. Era nevoie de asta ca să realizez cât de mult greșeam. Lucruri de acest gen, oricât de rele par la început, te fac să înțelegi după un timp că s-au petrecut așa cum trebuia, la momentul potrivit. Câți oameni nu și-au schimbat total viața după o tragedie? Ele se petrec întotdeauna pentru a-ți susține evoluția, să nu te îndoiești de asta, dragă cititorule.

*

De copilă am fost o fire docilă, ascultătoare, fata mamei. Am urmat școala primară și liceul cu calificative exemplare. Am fost un copil pe care aproape orice părinte și-l dorește. Deși cu o inteligență peste medie, eram o copilă prea maleabilă și așteptam mereu indicații, mama fiind cea care lua deciziile pentru mine. Astfel, nu mi-a oferit șansa de a mă deprinde cu această abilitate.

În copilărie îi spuneam mamei că vreau să devin polițist, ea îmi râdea în față și nu primeam prea multe încurajări. Apoi o bună bucată de vreme mi-am dorit să fiu psiholog. Evident, din perspectiva mamei aceasta meserie nu mi se potrivea și genul de răspuns pe care îl oferea era: „De ce să te faci psiholog? Psihologii sunt un pic mai sănătoși decât pacienții lor". Nu am fost suficient de ambițioasă ca să-mi urmez chemarea.

Aș vrea să-ți împărtășesc un gând foarte important: ca părinte sau viitor părinte, să ai întotdeauna încredere în copilul tău. Lasă-i șansa să învețe să se descurce singur, ajută-l doar când îți cere ajutorul și nu te îndoi de talentele lui. Acum sunt mamă și promit solemn să nu mă îndoiesc de intuiția și abilitățile copilului meu niciodată.

A nu se înțelege greșit: în toată această poveste există un singur vinovat, și acela nu e mama, ci eu. Însă totul s-a întâmplat așa pentru binele meu suprem.

În perioada în care am dat eu examenul de admitere la liceu (pe atunci se numea examen de capacitate) repartizarea la liceu se făcea computerizat, în funcție de calificativele obținute la capacitate. Profilul la care am intrat la liceu nu a avut niciun impact în viața mea. Pur și simplu am petrecut patru ani învățând noțiuni de urbanistică și topografie, lucruri care nu m-au atras de niciun fel.

Ca să fie tabloul complet, după ce mi-am dat bacalaureatul, atunci când am avut o șansă reală să urmez ce mi-ar fi plăcut, am ales împotriva intuiției, presentimentului, cum vrei să-l numești, un domeniu practic, ce se anunța de succes pe plan financiar: profilul economic-finanțe, capitol care, de altfel, nu-mi stârnea decât cel mult curiozitate.

Încă o dată am decis să resping intuiția și să aleg rațiunea, lucru care s-a dovedit extrem de neinspirat. Cum să spun? În timp ce urmam cu strictețe cursurile facultății, economia țării a început să intre în declin. Ghinion? La momentul acela așa am crezut.

Absolut orice decizie iei în viață, dragă cititorule, dacă respingi chemarea subtilă din interior și alegi logica, rațiunea și exteriorul, nu va trece mult timp până să realizezi că ai luat o decizie greșită, care la rândul ei a condus către alți pași pe un drum înfundat și va trebui să o iei de la capăt, iar și iar, până când vei afla traiectoria corectă.

Totul se întâmplă cu scopul de a te ghida către calea ta. Sună a clișeu, însă fiecare om are calea lui, are niște etape pe care trebuie să le parcurgă pentru a-și îndeplini scopul și menirea pe acest pământ.

Pe lângă faptul că nu-mi urmam chemările sufletului, tindeam a fi o persoană autodistructivă, nu mă consideram niciodată suficient de bună, de frumoasă , de inteligentă etc. Mereu găseam motive să fiu nefericită, la asta contribuind și societatea în care trăiam: se căuta perfecțiunea, iar acolo unde nu exista, se falsifica. Se promova o imagine și un stil de viață superficial.

În momentul în care te compari cu o altă persoană, ți-ai închis orice sentiment de iubire și nu mai poți empatiza. Apar invidia si răutatea.

Fiecare este perfect și minunat exact așa cum l-a lăsat Dumnezeu. EL nu face greșeli.

Mi-a luat ceva timp să ajung la aceste concluzii, să mă accept și să mă iubesc exact așa cum sunt, să nu mă mai sabotez complăcând-mă în gânduri distructive.

Sunt sigură că ai mai auzit acest lucru: gândurile sunt extrem de puternice. Așa și este până la urmă, nimic nu există fizic fără ca mai înainte să fi fost gând.

Vreme de mulți ani, atunci când eram tristă sau intram în depresie, îmi doream să mor, îmi spuneam că nu sunt folositoare nimănui și că cel mai bine ar fi fost dacă nu aș mai fi existat. Ei bine, după ce a avut loc accidentul de mașină și mi-am dat seama cât de vulnerabilă am fost în fața morții, că viața este neprețuită și mi-a fost oferită cu un scop, am renunțat la acel mod de gândire.

Veneam dintr-o mini excursie, și atunci a avut loc accidentul. Niciodată nu mi-am imaginat că mi s-ar fi putut întâmpla așa ceva. Impactul a fost atât de rapid, că abia atunci când s-a oprit mașina și am văzut fumul, mi-am dat seama că săriseră airbag-urile. Mâna mă durea îngrozitor. Accidentul se putea termina mult mai tragic Atunci am putut să conștientizez încotro m-am ghidat.

Am început să plâng de durere și panică, însă nu pot uita nicidecum sentimentul de pace deplină pe care l-am experimentat timp de câteva secunde înaintea impactului. Unii îl numesc trezire, alții îl numesc moment cuantic, însă în mod cert ceva s-a schimbat înlăuntrul meu în acele clipe.

Accidentul a fost doar o lecție importantă pentru mine și soțul meu.

La scurtă vreme după eveniment, am început să caut mai multe informații despre viața spirituală. M-am oprit la două cărți, care m-au ajutat să îmi schimb modul de gândire: *Conversații cu Dumnezeu* de Donald Neale Walsch - și *Puterea lui Acum* de Eckhart Tolle -. Din prima am învățat că Dumnezeu nu este un tiran care decide cine să sufere și cine nu și că EL ne iubește necondiționat și în aceeași măsură pe toți. Noi suntem cei care ne condamnăm la suferință. A doua mi-a revelat faptul că singurul și cel mai important moment al vieții este acum, nu ieri, nici mâine. Iar întrebările esențială sunt: ce-ți lipsește *acum*? Ce poți face *acum* pentru a-l obține?

Tu ești creatorul propriei vieți, ai puterea în mâinile tale, de ce să mai petreci încă o zi în suferință? De ce să te ghidezi căutând în exterior? Toate răspunsurile sunt în interiorul tău. În clipa în care vei realiza că ești propriul tău călău, atunci te vei opri și vei spune: Doamne, ce să fac să mă salvez? Cum să mă luminez? Te rog, ajuta-mă! Strigarea ta nu va rămâne neauzită, te asigur. În cartea sa *Iubire fără condiții*, Paul Ferrini spune că există doar două căi prin care trăim: prin luptă, când trăim și decidem singuri și prin abandonare, când facem totul prin iubire și cu ajutorul lui Dumnezeu. Singura cale spre lumină este iubirea autentică, altruistă, atotcuprinzătoare, similară iubirii infinite a unei mame pentru puiul ei, cu total devotament, cu răbdare și fără nici un fel de așteptări.

Dacă ai ști că aproapele tău, indiferent cine este el - mama, sora, vecinul, un necunoscut, sunt exact ca și tine, reprezintă o extensie a ta, i-ai mai putea judeca? I-ai mai putea condamna? De ce să nu accepți pe fiecare exact așa cum este? De ce să nu te iubești pe tine însuți exact așa cum ești? Încearcă să te iubești și să te apreciezi mai mult și vei vedea câtă iubire și câtă strălucire se află înlăuntrul tău.

Oare cum ne putem gândi că suntem nesemnificativi și goi când, de fapt, avem totul? Suntem expresii ale lui Dumnezeu! Da, ai citit bine, expresie a lui Dumnezeu,

asta reprezintă fiecare dintre noi! Dumnezeu Însuși ne-a
creat cu un potențial uriaș de co-creatori, noi am uitat
asta, însă acum este timpul să ne reamintim, este timpul
schimbării, al întoarcerii la Divinitate, la cea din noi în-
șine, care este singura autentică.

Eu am fost crescută în spirit ortodox, am citit biblia
pentru copii din plăcere, mergeam la biserică și știam că
există o putere mare care ține totul împreună și nicio miș-
care nu e întâmplătoare. Însă ciudat, nu am simțit nicio-
dată frică față de Dumnezeu. Orice creștin îți va spune că,
dacă păcătuiești și nu urmezi litera bibliei, Dumnezeu își
va abate urgia asupra ta. Ei bine, nici măcar atunci când
eram copil nu credeam asta! Și cu atât mai puțin n-am
crezut-o când am devenit adult. Știi de ce? Pur și simplu
pentru că ceva din sufletul mei nu-mi dădea voie să simt
frica. Până la un punct, nu simțeam nici iubire față de
Dumnezeu. Credeam în El pentru că așa fusesem învățată.

Abia după accident am început să-mi pun întrebări și
să caut adevărul suprem. De ce sunt aici (pe pământ)? Care
este menirea mea? Ce pot face ca să-i ajut pe ceilalți? Am
descoperit că trebuie să mă ajut în primul rând pe mine
însămi, să mă scot din mocirla în care dogmele, învățătu-
rile altora și credințele lor mă afundaseră. A fost o perioadă
în care am pus totul sub semnul întrebării. Dacă Dumne-
zeu există, de ce permite răul? De ce permite calamități?
Cred că roata se învârte este cel mai bun răspuns. Absolut
tot ceea ce emitem se întoarce la noi. Emitem rău, îl pri-
mim înzecit. La fel cu binele, cu asumarea responsabili-
tății. Pentru că există o singură lege, așa cum susține și
domnul profesor Dumitru Constantin Dulcan, un om
extraordinar: Legea Binelui. Dacă toți am respecta-o și
am face bine, am trăi într-un paradis. Cum să aștepți ca

natura să ne iubească și să ne ofere toate cele necesare când noi defrișăm masiv, aruncăm deșeuri în oceane, otrăvim ființe prin tot felul de chimicale și ne întunecăm judecata prin invidie și răutate?

De ce să mă invidiezi când eu sunt tu? De ce să existe invidie când totul există din abundență? E nevoie doar să știm să primim și, mai ales, să învățam să dăruim, căci doar așa te îmbogățești, dăruind!

Există un fragment în învățăturile lui Isus în care se spune:

„Eu v-am trimis să-i binecuvântați pe ceilalți, fără a depinde de bunuri materiale, bani sau alte resurse. V-a lipsit vreodată ceva? Nu vă îngrijorați pentru mâine, pentru că se va îngriji ea de sine însăși. Cu adevărat, este îndeajuns să vă preocupe ziua de astăzi, fără a tremura pentru ce va fi în viitor. Care dintre voi, frământându-se, poate adăuga trei centimetri la înălțimea voastră? Priviți la păsările cerului; ele nu zboară îngrijorându-se.

Și ele nici nu stau noaptea până târziu să se gândească la ziua ce va veni, pentru că Tatăl vostru din ceruri are grijă să le hrănească. Nu știți că vi se poartă grija mult mai mult decât păsărilor?

Nu se vând vrăbiile în piață pentru câțiva bănuți? Totuși, nici una din ele nu cade la pământ fără ca Tatăl vostru din cer s-o știe! Așa că nu vă mai îngrijorați. Voi sunteți mult mai de preț decât multe stoluri de vrăbii. Până și firele capului vă sunt numărate.

De ce vă îngrijorați pentru ce veți îmbrăca? Uitați-vă cum cresc crinii în câmpie. Ei cresc natural, fără vreun efort. Nici chiar Solomon, în toată gloria sa, nu a fost îmbrăcat precum aceste flori. Dacă Dumnezeu se îngrijește atâta de ceea ce crește sălbatic în câmpie, nu se va îngriji

El de voi mult mai mult? Cum puteți avea așa o credință mică?

Nu mai spuneți: «Ce vom mânca? Ce vom bea? Vom avea destulă îmbrăcăminte?» Astfel gândesc cei necredincioși și îngrijorați. Relaxați-vă! Tatăl vostru din ceruri știe că aveți nevoie de toate aceste lucruri, și mult mai mult.

Căutați mai întâi împărăția lui Dumnezeu și dreptatea lui și toate nevoile voastre vor fi împlinite". (sursa http://www.thewords.com/translations/Romanian.pdf)

Este atât de simplu să ai încredere în Divinitate, să te abandonezi fără să îți mai faci planuri! De când mă știu, atunci când mi-am făcut planuri, acestea nu au fost duse la bun sfârșit. Pentru că nu se întâmplă ceea ce vrem noi, ci ceea ce este bine să se întâmple pentru noi. Suntem învățați de mici să facem planuri, să ne zbatem, să fim „cineva", toate astea doar ca să fim bine văzuți de ceilalți. Care este scopul vieții? Să fim apreciați de ceilalți pentru ceea ce nu suntem și să suferim în tăcere sau să căutăm adevărul și să facem ceea ce am fost meniți să facem? Singura obligație pe care o avem este evoluția noastră personală spre lumină, deoarece atunci când descoperim adevărul, când suntem dornici să ne întoarcem la Dumnezeu și la legea supremă, atunci toate celelalte vin spre noi, pentru că nu ne mai zbatem, ci lucrăm împreună cu voința divină, nu mai orbecăim în întuneric, nu ne mai temem pentru mâine, fiindcă știm că mâine este doar un acum pe care îl creăm continuu.

Ce fel de acum vrei să-ți construiești? Un acum în care ești conștient că o putere mai mare ca tine te ghidează spre a te desăvârși sau un acum în care ești temător, speriat și manipulabil? Asta nu înseamnă că nu trebuie să ai nici un scop în viață, ci dimpotrivă, scopul tău să fie acțiunea împreună cu voința divină.

Ne sunt implementate tot felul de idei, cum să fim competitivi, cum să fim cei mai buni, cum să ne folosim de ceilalți pentru a ne atinge scopurile. Însă nu aceasta e soluția. Nu ai observat că atunci când copiezi pe un altul sau când te folosești de el, nu te alegi cu nimic? Pentru că nu există unul mai bun și altul mai puțin bun, toți suntem egali, toți suntem suflați cu har divin, însă ne-au făcut să uităm asta, să ne îndepărtăm de bunătatea și iubirea altruistă, ne-au făcut „să dăm din coate" ca să ajungem sus. Și ce faci acolo, sus? Ai văzut tu oare bogați fericiți? Ai văzut tu oare iubire și recunoștință în sufletele lor? Nu, căci doar „dăruind vei dobândi" (N. Steinhardt). Poate oare bogăția să cumpere timp? Să cumpere bunătate? Să cumpere iubire autentică? Nu poate, și tu o știi prea bine! De ce să nu ajut pe semenii mei atunci când pot să o fac? De ce să nu lucrez împreună cu el pentru a-mi construi drumul meu?

Singura cale către o lume mai bună este recunoștința și iubirea altruistă, o iubire necondiționată, plină de devotament pentru tot ce ne înconjoară. Ai văzut cum o floare pe care o iubești crește frumos și trainic? Ai văzut câtă energie oferă natura atunci când o contempli? Ai văzut cum tresaltă inima de bucurie când faci un bine fără să ai nicio așteptare? Aceasta este lumea pe care am putea-o avea, schimbarea începe din noi înșine, din interiorul fiecăruia.

Recunoștința este sfârșitul luptei, este acolo unde miracolele încep să apară și găsești binecuvântări în tot.

Cineva apropiat mie mi-a spus: mă sfătuiește o creștină să-i mulțumesc lui Dumnezeu pentru boală (ea fiind bolnavă, în scaun rulant). Ei bine, eu nu pot, cum să-i mulțumesc că nu pot umbla singură nici până la baie?

E nevoie de o mare înțelegere pentru a putea mulțumi pentru o boală, în general bolile apar în timp, de la simple inflamații se ajunge la cancer sau atrofii, paralizii etc., însă acestea au avut un conflict declanșator, cel mai adesea emoțional, în general traume sau suferințe interiorizate și lăsate să facă ravagii (vezi dr. Ryke Geerd Hamer și principiile biologice) Există o singură soluție: iertarea. Iertați-vă pe voi înșivă, pe mama, pe tata sau pe oricine v-a provocat suferință, căci doar iertarea vă va face liberi. Iertați-i cu toată inima și cu tot cugetul și vă promit că veți cunoaște un nou eu, unul ce lucrează împreună cu voința supremă.

Găsiți pe internet meditații ghidate referitoare la subiectul iertării, poți alege una și poți încerca, ce ai de pierdut? Sunt oameni ca și tine care s-au vindecat de cancer și alte boli incurabile, singura diferență dintre ei și voi fiind aceea că ei au știut că pot, pe când tu te încăpățânezi să crezi că nu poți.

Poți! dacă ai credință, orice este cu putință!

Ai observat vreodată că sunt momente în care, instinctiv, vrei să faci ceva și apoi mintea, rațiunea te fac să te răzgândești? Dacă învățăm să ne ghidăm după pornirile inexplicabile ale sufletului, îți garantez că vom crea o lume ca un paradis. Să zicem că vezi un cerșetor pe stradă și instinctiv vrei să-i oferi ceva, un corn, un ban etc. Dar apoi mintea intervine: „de ce să-i dau? Să se ducă la muncă! Precis are buzunarul plin de bani!" Și atunci nu mai oferi nimic. Sau vezi pe stradă un copil care plânge și nu este nimeni lângă el. Instinctiv, vrei să te duci la el să vezi dacă îl poți ajuta cu ceva. Și intervine gândul: „dacă este o capcană? Dacă nu are pe nimeni și trebuie să-l iau acasă? Aia mai lipsea!" Și treci pe lângă el fără să faci nimic.

Cred că ai prins ideea, suntem programați astfel încât să fim obedienți, să nu ne ascultăm interiorul și să acționăm strict rațional. Cu alte cuvinte, am uitat să fim oameni, am uitat că toți suntem unul. Toți suntem o mare conștiință, căci aceea ne ghidează și ne ține în viață. Oare îi spune cineva inimii să bată? Sau plămânilor să respire oxigen? Ori picioarelor să umble? Toate au un mecanism bine stabilit, ne folosim predominant o emisfera cerebrala, ai idee ce se întâmplă atunci când le folosești simultan? Imaginează-ți ce-ai putea face cu o ambele emisfere active simultan? Ți s-a spus că e imposibil? Vin eu și îți spun că e mai mult decât posibil!

Calea este simplă și totodată anevoioasă, ce paradox! Ca orice călătorie, începe cu un pas în căutarea adevărului suprem, apoi pas după pas, parcurgi drumul care ți-a fost dat să-l cunoști, devii conștient, ancorat în prezent, recunoscător, altruist.

Tot ce ai este clipa de față, nimeni în afară de tine nu este responsabil pentru viața ta, pentru suferința sau bucuria ta. Totul este în interiorul tău. Poate este greu de acceptat la început, însă treptat vălurile se ridică și vezi mai clar ca oricând. Orice ți se întâmplă te ghidează spre locul unde trebuie să fii.

Fiecare individ are rolul lui în absolut, fiecare este la fel de important, nu există prinț și nici cerșetor, ambii sunt egali în fața divinului.

Să nu crezi despre tine că nu ești valoros, dimpotrivă, ești perfect exact așa cum ești. Tu ți-ai ales acest corp pentru a te ajuta să te întorci la unitate. Iubește-l și respectă-l, căci este locuința sinelui tău superior, însă nu-i atribui mai multă atenție decât este necesară. Nu există etalon, nu există competiție, oamenii sunt ceea ce sunt și atât. Și ce dacă unul e mai înalt și altul mai scund? Ce dacă unul e mai gras și altul mai slab? Ce dacă unul are ochelari și altul nu, unul e isteț și altul ușor influențabil? Toate acestea sunt din cauza faptului că ei se identifică cu societatea, cu problemele lor, cu ceea ce ei numesc probleme. Acestea apar, de regulă, tot ca să te întoarcă pe drumul corect, să realizezi ceva, să înțelegi că totul este interconectat în conștiința colectivă supremă.

Te aud cum gândești: dar ce am făcut eu ca să-mi pierd jobul? Ca să-mi ardă casa? Ca să am un copil bolnav, un soț bolnav, o mamă care nu se gândește deloc la mine? Un tată care nu a stat deloc în preajma mea? Un frate dușmănos? Ei bine, răspunsul este: nimic. Nu ai făcut nimic! Aici e problema. În schimb, ai gândit: nu sunt bun, nici mama nu mă iubește, tata nu mă vrea, soțul/soția mă trădează, sunt urât, slab, naiv, gras, neputincios, sunt o victimă a hazardului, a sorții. Stop! Oprește-te! Nu există hazard în afara celui pe care tu îl creezi! Nu există suferință în afara celei pe care chiar tu ți-o provoci! A sosit timpul să-ți asumi toată responsabilitatea vieții tale! Nu ești o victimă! Nu ești un trup slut și imperfect, ești o ființă divină perfectă într-un corp ideal pentru ea însăși! Crezi că Dumnezeu face alegeri? Tu să te duci la job, tu să fii concediat, tu să ai casă și masă, tu nu! Nu există așa ceva! Dumnezeu ne-a lăsat pe toți perfecți, tot ce ai nevoie se află înlăuntrul tău! Tu ești propriul tău rai sau iad. Acceptă asta și vei descoperi o altfel de lume!

Șterge-ti din minte tot ce te-au învățat, uită toți balaurii inventați și urgiile închipuite. Dumnezeu este în tot, în natură, în apă, în piatră, în stele și mai ales în tine, tu nu ești mintea ta, nu ești trupul tău, tu ești o ființă diafană și ai puterea de a te comporta ca una. De ce trăiești? Doar ca să plătești facturi și să mergi ca un rob la muncă? Să faci ceea ce urăști fiindcă nu poți altfel? Să te plângi încontinuu,

considerându-te o victimă, o frunză în bătaia vântului? Dacă
mori mâine, ce regrete ai? Ce ai fi vrut să știe lumea despre
tine înainte să mori? Ce ai fi putut face și nu ai făcut? Ce
ți-ai dorit să fii și nu ai fost? E timpul să hotărăști ce vrei TU
cu adevărat. Și nu spune că nu poți, că nu ai bani, că ai prea
multe responsabilități. Ei bine, le ai oricum, importantă e
atitudinea ta față de ele și de tot ceea ce ți se întâmplă.

Nu te mai complace în rolul de victimă, am făcut și eu
asta ani buni și nu mi-a adus decât suferință. Săraca de
mine, nimeni nu mă iubește, nimeni nu mă apreciază, ni-
meni nu îmi dă atenție. Ghici ce? Lumea te tratează exact
așa cum te tratezi tu însuți, imaginea pe care o ai în minte
despre tine se proiectează în afara ta, în ceilalți.

În primii lui ani de viață, un copil trebuie să se bucure
de tot ce-l înconjoară, dar mai ales de figurile centrale după
care urmează să se ghideze – mama și tata.

În perioada copilăriei mele, mama lucra mult pentru
a-și putea întreține familia. În același timp, n-a existat o
prezență paternă, ceea ce a însemnat o lipsă dureroasă pe
toată perioada copilăriei si adolescenței. Completând ta-
bloul, mama s-a recăsătorit și s-a mutat în alt oraș, declan-
șând în mine o furie mocnită. Proiectam toată suferința și
neputința mea asupra ei, învinuind-o că plecase de lângă
mine. Dar ce putea să facă? Avea și ea dreptul la fericire.
Eu am rămas cu sora mea, care mi-a oferit tot ce i-a stat în
putere pe tot traseul meu din gimnaziu, liceu și facultate.

Am fost crescută în moda veche, ca să zic așa, fără ieșiri,
fără cluburi și alte artificii. Pe de-o parte nici nu simțeam
nevoia, dar pe de altă parte eram curioasă, ca orice tânără.

L-am cunoscut pe soțul meu încă din adolescență și am
construit împreună o relație trainică, bazată pe iubire, care

s-a împlinit prin cununia religioasă și nașterea primului nostru copil.

Am avut o relație la distanță mulți ani, care pentru mine a fost un coșmar, pentru că îl iubeam și eram crudă, nesigură pe mine, cumplit de geloasă, de multe ori posesivă, stări care-mi pricinuiau doar suferință. Chiar și când eram împreună, mi se părea ca nu-mi acordă timp suficient, că preferă să petreacă timpul cu alte persoane în detrimentul meu, că nu ține la mine suficient de mult…. Bărbații sunt diferiți, iubesc diferit, dar asta nu înseamnă că nu iubesc din toată inima. A durat ceva timp până am înțeles asta. Evident că problemele mele erau mai adânci și nu aveau legătură doar cu el.

Cred că știu cum e să cauți mereu motive să fii nefericit, ești maestru în asta, nu-i așa? Este foarte ușor să-ți plângi de milă.

Durează ceva timp să înveți să acționezi diferit, însă vei simți marea diferență. Totul stă în felul cum reacționezi la ceea ce ți se întâmplă!

Soțul/iubitul vrea să iasă cu băieții. Și ce dacă? Ți-e ciudă că tu nu vrei? Ce treabă ai tu? Nu știi să te distrezi de una singură? Nu poți să ieși cu o prietenă? Dă o tură cu bicicleta, plimbă-te, fă o baie, citește o carte, meditează etc. Ai atâtea feluri în care te poți bucura de liniște cu tine însuți! De unde atâta posesivitate și nesiguranță? A iubi înseamnă a oferi libertate. Dacă ții cu dinții de ceva, nu înseamnă că acel ceva a fost sau va fi vreodată al tău.

Este atât de extenuant să stai mereu în defensivă! De ce asta? De ce cealaltă? De ce acum? Unde te duci? Etc., etc., etc.

Este atât de reconfortant să curgi pur și simplu, fără împotriviri, fără reproșuri… Știi tu oare câtă putere au cuvintele? Și cât pot răni sau mângâia? Știi ce mare este diferența între vreau/ pot și nu vreau/ nu pot? Enormă!

Când te afli într-o situație de cumpănă și nu știi ce să faci, întreabă-te ce ar face iubirea acum. Acționând cu iubire, schimbi cursul apei.

Eu am văzut asta, am văzut atunci când mi-am privit bărbatul în ochi cu iubire pură și l-am înțeles cu dragoste. Am văzut oglinda acestui sentiment. Iar dacă eu pot, poți și tu!

Singurul sentiment care te împiedică este frica. De ce ți-e frică? Ce ai putea pierde și nu vrei să pierzi? Iubirea? Iubirea este singura care se multiplică atunci când o împarți. Iubirea autentică nu se poate pierde, iar dacă o pierzi, înseamnă că sentimentul nu a fost autentic, ci doar efemer – a fost vorba despre posesivitate, gelozie, obsesie, nicidecum iubire. Cu cât încerci să forțezi mai mult ca să obții ceva, cu atât șansele să se întâmple sunt mai mici. Orice lucru căruia îi reziști, persistă! Lasă-l! Detașează-te! Rupe lanțurile, elimină influențele altora, amintirile negative, tot ce te poate bloca la nivel emoțional. Acceptă-le, însă nu le mai acorda puterea de control!

Frica este doar o închipuire. Odată ce realizezi asta, ai puterea în mâinile tale. Cel mai bun lucru pe care îl poți face este să nu temi că ai putea pierde ceva. Obiectele, sunt, în principiu, lipsite de valoare intrinsecă, spirituală, sunt trecătoare, rămân aici după dispariția noastră fizică, oamenii nu pot deveni proprietate, iar relațiile interumane reale, profunde, rămân în picioare doar din/prin iubire și/sau atașament.

Oricum la un moment dat mori. De ce ți-e frică să trăiești? De ce te temi să fii tu însuți? Îți pasă de părerile celorlalți? Nu vrei să fii judecat/blamat? Știi ce? Oamenii judecă și blamează prin prisma cunoașterii lor limitate. Un om cu o minte și o inimă deschise nu își umilește semenii, fiindcă știe că el este una cu ei.

Toți marii maeștri spirituali au propovăduit iubirea și consecințele ei directe: o viață împlinită și în armonie cu tot ceea ce ne înconjoară. Atunci când ai încredere în procesul vieții, curgi odată cu ea, fără împotriviri, fără limitări. Știi că tot ceea ce se întâmplă este pentru un scop înalt, scopul tău.

Să-ți mai spun câte ceva despre mine. Atunci când eram supărată sau deprimată, obișnuiam să zic: nu mai vreau să văd, nu mai vreau să mai aud. Mă raportam la o situație punctuală, care mi se părea că-mi face rău. Și ce efect a avut? Am dezvoltat miopie, am dezvoltat hipoacuzie bilaterală, toate acestea fiind descoperite în adolescență. Bineînțeles că, urmând același tipar autodistructiv, miopia a crescut la -4, nu mă mai descurcam fără ochelari. Pe lângă aceasta, aveam fluctuații permanente de greutate, nu-mi puteam stabiliza greutatea ideală, iar teama pe care o simțeam venea și din nesiguranța, din închidere față de viață.

Știi care este cel mai bun început atunci când vrei să te vindeci, indiferent de probleme, fie că este vorba despre obezitate, probleme cu ochii, pielea sau urechile, cancer, distrofie s.a.m.d? Să începi să te iubești și să te accepți așa cum ești. Ești perfect exact așa cum ești!

Spune asta: „Mă iubesc și mă aprob!" Te și văd cum îți dai ochii peste cap. Dar spune-o! Nu e ridicol, spune aceste cuvinte în minte. Încă odată! De trei ori!

Bun, acum ai început procesul de vindecare. De unde știu? Pentru că și eu am început la fel!

Elimină din viața și din gândirea ta absolut toate șabloanele care te-au adus unde ești chiar acum, asta dacă dorești cu adevărat să-ţi schimbi cursul vieţii. Dacă nu eşti hotărât, atunci te rog să pui cartea jos, deocamdată nu e pentru tine. Plânge-te în continuare, poate un zeu din cer va veni şi, printr-o minune, vei obţine tot ceea ce ai vrut dintotdeauna. Dar trebuie să ştii că astfel nu rezolvi nimic Vei aştepta mult şi bine, pentru că tot ceea ce ai nevoie pentru vindecare se află în tine. Dumnezeu lucrează cu tine dacă acţionezi cu disciplină şi cu iubire faţă de tot ce te înconjoară. EL te-a creat, ai uitat? Ai putea crede vreodată că EL face ceva imperfect?

Tot ceea ce ai gândit de-a lungul vremii te-a adus unde eşti acum! Eşti bogat, sănătos şi fericit? Felicitări! Eşti în armonie cu universul. Eşti bogat şi nefericit? Ceva e greşit, oare ce? Eşti sărac şi nefericit? Atunci a venit momentul să schimbi ceva. Acum! Nu vrei? E greu să ieşi din cochilia ta? Of, bietul de tine! Nu-i nimic, poate că divinitatea îţi va mai acorda o şansă în altă viaţă. Sau poate că nu. Sunt deja multe suflete care aşteaptă un trup ca al tău. Tu îl ai deja, de ce nu-l preţuieşti? Este chiar aşa de rău? Fă-l bun! Mintea şi trupul sunt slujitorii spiritului, sunt exact aşa cum le spui tu să fie! Mintea se supune, indiferent de ce-ţi doreşti şi de ce-i transmiţi. Dacă tot repeţi că eşti sărac sau ghinionist, chiar asta ţi se întâmplă! Atunci de ce n-ai spune: sunt în armonie cu tot ce există, pe zi ce trece sunt mai sănătos, ceea ce mi se cuvine prin voinţa divină curge spre mine prin toate metodele, accept şi primesc cu bucurie toate darurile spiritului, sunt împăcat cu procesul vieţii, sunt mereu în siguranţă?

Pentru aproape fiecare problemă de sănătate există un tipar distructiv de gândire şi un nou model de gândire prin care te poţi vindeca (Google it, încearcă şi Valeriu Popa). Nu e uimitor? Da, se poate! Aşa cum, ani la rândul, ai

gândit greșit și dăunător pentru tine, tot așa, de acum îna-
inte, începând cu Acum, poți să gândești în deplină armo-
nie cu divinitatea și să ajungi acolo unde îți dorești cu
adevărat.

Mulți ani nu am știut ce vreau de la viață. Acum știu!
Și asta pentru că am căutat, nu m-am temut și nu m-am
împotrivit direcției care mi s-a aliniat în față. O făcusem
destul în trecut, o, da, mă temeam de foarte multe lucruri.
Acționam practic împotriva legii firii, împotriva oricărei
schimbări, eram oarbă în fața semnelor care mi se arătau
și mă îndreptam într-o direcție în care mă complăceam în
nesemnificativa mea existență, având impresia că sunt o
victimă căreia totul i se întâmplă pe nedrept. Acum, uitân-
du-mă înapoi, îmi vine să râd de modul penibil cu care
tratam orice astfel de situație. Am să fac o paralelă și-ți voi
povesti despre o fetiță pe care o cunosc. Învață la școala
gimnazială, părinții ei sunt despărțiți, iar ea stă când la
unul, când la celălalt, cei doi părinți locuind în aceeași
zonă. De fiecare dată când ne întâlnim, se plânge de câte
ceva: ba că profesorii îi dau teste predictive la fiecare înce-
put de trimestru, ba că primește prea multe teme pentru
acasă. Altă dată, de ziua unei colege, după ce-a mâncat prea
mult, s-a plâns de dureri de burtă... Nu era niciodată mul-
țumită. Dar asta este o problemă generală, însă o fată ca
ea, inocentă și la început de drum, ar trebui să se bucure
de orice experiență.

Dragul meu cititor, nu parazita mintea copilului tău cu
o gândire otrăvită, lasă-l să se bucure, învață de la el sim-
plitatea vieții și inocența luminoasă. Joacă-te cu el, o să fii
uimit să regăsești copilul din tine.

Plânsul de milă este extrem de dăunător și reprezintă
un blocaj pe toate nivelele. Energia este blocată, nu mai

curge, creierul nu știe dacă trebuie să identifice o problemă sau o soluție la problemă. Nu te mai plânge! Găsește alternative, fii sigur de ceea ce vrei, acționează fără să tragi prea multe concluzii și ai să descoperi că ți s-a luat o povară de pe umeri. Practic tu asta faci, cari greutăți inutile. Dar asta este strict decizia ta. Atunci când consideri că ai cărat destul, te oprești. Însă pot să te asigur că am fost și eu acolo, am tot anulat, dar vine o clipă când simți nevoia să înțelegi de ce ți se întâmplă tot ceea ce ți se întâmplă. Atunci te redescoperi. Un nou tu plin de potențial infinit. Căci asta suntem toți, iubire nesfârșită și o infinitate de posibilități. Fiecare cu rolul său.

De ce insiști să rămâi blocat în cutia ta? Sunt sigură că au mai fost șanse să te schimbi, dar nu le-ai acceptat. Ți-e teamă să ai încredere în tine? Poți da greș, dar poți câștiga infinit mai mult, viața nu este despre bogății materiale, este despre bogății divine, despre bunătate, despre bucuria de a da, de a ajuta oricând și pe oricine, despre întoarcere la unitate, la iubirea infinită, care definește tot ceea ce există.

Înainte să descopăr meditația, obișnuiam să caut bucuria în afara mea, eram atrasă de natură și de liniște, însă nu bănuiam că totul se afla în interiorul meu. Nu bănuiam că eu reflectam ceea ce eram pe dinăuntru. Gândeam ceva de genul: ce e aia meditație? Cum stau călugării tibetani pe jos, nemișcați? Ei, dragul meu cititor, este incomensurabil ce poți obține în meditație. Te redescoperi ca ființă divină, cum ți-a fost hărăzit să fii! Simți energia care îți umple toate celulele, simți energia cum curge și te îndeamnă să trăiești plenar orice clipă, te încarci cu iubire, răbdare și recunoștință față de tot ceea ce există, înveți despre a fi umil și plin de bunăvoință. Dar ce spun eu? Abandonează-te în meditație și descoperă singur.

Spre exemplu, la mine funcționează cel mai bine atunci când stau culcată pe pat, complet relaxată și ascult în căști diverse sunete în care mă regăsesc, mereu altele. Îți recomand să cauți pe Youtube videoclipul lui Deepak Chopra, *Învață cum să meditezi*. Are cincizeci de minute, însă merită fiecare secundă. În capul meu s-a produs ceva uimitor atunci când l-am vizionat. Conține adevăruri simple și, totodată, cuprinzătoare.

Meditația este procesul prin care te conectezi la sursa divină din tine însuți, în care-ți descoperi perfecțiunea, te regăsești exact așa cum Dumnezeu te-a creat.

Este soare pe cer? Bucură-te de el, simte-i căldura, mulțumește-i că există. Este înnorat? Ninge? Plouă? Procedează la fel!

Îți propun un mic experiment: într-o zi cu soare, ia o oglindă, întoarce-te cu spatele la soare și privește-te în oglindă. Mișcă oglinda până când soarele îți va contura reflexia ta luminoasă, aura, și va pune în valoare ființa de lumină care ești. Privește perfecțiunea din tine: cum să nu-L iubești pe Dumnezeu?

Vor exista piedici sau zile mai puțin bune. Indiferent de cum dorești să le numești, este important felul în care le privești. Atunci când ești în suferință, înseamnă că privești dintr-o perspectivă greșită, fiind centrat pe durerea sau neliniștea ta și nu mai ești capabil să vezi imaginea de ansamblu. Trebuie să te descarci, să o lași să iasă. Poți să plângi, dacă simți nevoia, plânsul curăță sufletul. Apoi lasă durerea să plece, nu păstra ranchiună sau răutate în tine, acestea nu fac decât să te secătuiască de iubire și de răbdare.

Nu am zis că o să fie ușor. E nevoie de voință și disciplină, însă merită! Scopul tău cel mai înalt este de a-ți împlini misiunea în această viață. Ai un rost și o menire pe care doar tu, nimeni altcineva, le poate îndeplini.

Schimbarea are loc dacă permiți asta. Dacă opui rezistență la nivel subconștient, vei trăi diverse conflicte interioare - de exemplu, furie inexplicabilă, ca și cum nu ai mai fi stăpân pe tine însuți, sau o dereglare fizică – răceală, dureri ușoare de cap etc.. Nu este foarte simplu să modifici niște tipare mentale pe care le-ai aplicat ani întregi și să construiești altele noi. Practic, creezi noi rețele neuronale. Depresia face ca neuronii să moară. Atunci când te redescoperi, te recreezi. Nu este puțin lucru, dar dacă dorești cu adevărat să te desăvârșești, este nevoie de trudă. Orice lucru minunat apare în viața ta doar atunci când ești pregătit să-l primești cu adevărat. Nimic nu se întâmplă fără voia ta. Divinitatea așteaptă răbdătoare și plină de iubire, până când ești capabil să o recunoști.

Părintele Arsenie Boca a spus următoarea pildă:

„O familie a plecat într-o excursie în Anglia pentru a cumpăra ceva dintr-un frumos magazin de antichități, pentru celebrarea celei de a 25-a aniversări de la căsătorie. Și soției, și soțului le plăceau antichitățile și produsele din argilă, obiecte ceramice, în special ceștile de ceai. Au observat o ceașcă excepțională și au întrebat:

– Putem să vedem ceșcuța aceea? Nu am văzut niciodată ceva atât de frumos!

În timp ce doamna le oferea ceea ce ceruseră, ceșcuța de ceai a început să vorbească:

– Voi nu puteți să înțelegeți. Nu am fost de la început o ceșcuță de ceai. Cândva, am fost doar un bulgăre de argilă roșie. Stăpânul m-a luat și m-a rulat, m-a bătut tare, m-a frământat în repetate rânduri, iar eu am strigat: «Nu face asta!, nu-mi place, , lasă-mă în pace!». Dar EL a zâmbit doar și a spus cu blândețe: «Încă nu!». Apoi, ah! Am fost așezată pe o roată și am fost învârtită, învârtită, învârtită. «Oprește! Amețesc! O să-mi fie rău!», am strigat. Dar Stăpânul doar a dat din cap și a spus, liniștit: «Încă nu.» M-a învârtit, m-a frământat și m-a lovit și m-a modelat, până a obținut forma care i-a convenit, iar apoi m-a băgat în cuptor. Niciodată nu am simțit atâta căldură! Am strigat, am bătut și am izbit ușa... «Ajutor! Scoate-mă de-aici!» Puteam să-L văd printr-o deschizătură și puteam citi pe buzele Sale, în timp ce clătina din cap dintr-o parte în alta: «Încă nu». Când mă gândeam că nu voi mai rezista încă un minut, ușa s-a deschis. Cu atenție, m-a scos afară și m-a pus pe raft... Am început să mă răcoresc. O, mă simțeam atât de bine! *Ei, așa este mult mai bine*, m-am gândit. Dar, după ce m-am răcorit, m-a luat, m-a periat și m-a colorat peste tot... Mirosurile erau oribile. Am crezut că mă sufoc. «O, te rog, încetează, încetează!», am strigat. El doar a dat din cap și a spus: «Încă nu!» Apoi, deodată, m-a pus din nou în cuptor. Numai că acum nu a mai fost ca prima dată. Era de două ori mai fierbinte și simțeam că mă voi sufoca. L-am rugat. Am insistat. Am strigat. Am plâns... Eram convinsă că nu voi scăpa! Eram gata să renunț. Chiar atunci, ușa s-a deschis și El m-a scos afară și, din nou, m-a așezat pe raft, unde m-am răcorit și am așteptat și am așteptat, întrebându-mă: «Oare ce are de gând să-mi mai facă?» O oră mai târziu, mi-a dat o oglindă și a spus: «Acum uită-te la tine!» Și m-am uitat. «Aceea nu sunt eu; aceea nu pot fi eu... Este frumoasă! Sunt frumoasă!» El mi-a vorbit blând: «Vreau să ții minte, știu că a durut când ai fost rulată, frământată, lovită, învârtită, dar, dacă te-aș fi lăsat singură, te-ai fi uscat. Știu că ai amețit când te-am învârtit pe roată, dar, dacă m-aș fi oprit, te-ai fi desfăcut bucățele, te-ai fi fărâmițat. Știu că a durut şi că a fost foarte cald şi neplăcut în cuptor, dar a trebuit să te pun acolo, altfel te-ai fi crăpat. Ştiu că mirosurile nu ţi-au făcut bine când te-am periat şi te-am colorat peste tot, dar, dacă nu aş fi făcut asta, niciodată nu te-ai fi călit cu adevărat. Nu ai fi avut strălucire în viaţa. Dacă nu te-aş fi băgat pentru a doua oară în cuptor, nu ai fi supravieţuit prea mult, fiindcă acea întărire nu ar fi ţinut. Acum eşti un produs finit. Acum eşti ceea ce am avut în minte prima dată când am început să lucrez cu tine»."

Morala povestirii este următoarea, arată duhovnicul Arsenie Boca:

„Dumnezeu ştie ce face cu fiecare dintre noi. EL este Olarul, iar noi suntem argila Lui. El ne va modela, ne va face şi ne va expune la presiunile necesare, pentru a deveni lucrări perfecte, care să împlinească buna, plăcuta şi sfânta Sa voie. Dacă viaţa pare grea şi eşti lovit, bătut şi împins aproape fără milă, când lumea îţi pare că se învârteşte necontrolat, când simţi că eşti într-o suferinţă îngrozitoare, când viaţa pare cumplită, fă-ţi un ceai şi bea-l din cea mai drăguţă ceaşcă, aşază-te şi gândeşte-te la cele citite aici şi apoi discută puţin cu Olarul".

Totul are o însemnătate, chiar dacă în acest moment nu vezi. Fiecare experienţă pe care o trăieşti te aduce mai aproape de cine eşti tu cu adevărat, un spirit curat şi frumos, prin care se experimentează însuşi Dumnezeu cel măreţ.

Şi mie mi-a luat o bună vreme să înţeleg cu adevărat că sunt vrednică şi demnă de iubire. Vezi tu, în societatea prezentă eşti crescut cu teamă, cu reţineri, cu frici, deoarece foarte mulţi oameni încă nu şi-au aflat potenţialul lăuntric, de fiinţă divină şi trăiesc încă prin prisma cunoaşterii lor limitate, egoiste şi, mai ales, trăiesc în frică. Frică de abandon, frică de pierderi de orice fel, frică de viața însăși, de responsabilitatea propriei vieți.

Și eu aveam frici. Îmi era frică de viitor, de suferință, îmi era frică să nu fiu acceptată de ceilalți, că nu sunt suficient de bună, de frumoasă etc. Îmi era frică tot timpul. Acum nu-mi mai este frică de toate astea. Mi-am dat seama că, dorind să-i ajut mereu pe ceilalți, nu pot face decât să mă ajut pe mine însămi, ca apoi să încerc să descopăr în ei ființa divină care îi reprezintă. Frica este o iluzie, iar tu o alimentezi. Întoarce-ți atenția de la ea și vei vedea cum se micșorează, apoi acceptă faptul că tu ai creat-o prin nesiguranța ta.

De ce te temi? Crezi că Dumnezeu vrea ca tu să trăiești în frică? Niciodată! În ochii Lui ești perfect, exact așa cum te-a creat, ești capabil de orice îți pui în minte, căci El te-a creat „după chipul și asemănarea Sa". Ce te face fericit? Ce îți plăcea să faci când erai copil? Ce acțiune te face să simți că ești viu? Că ai un scop? Descoperă asta și apoi nu renunța niciodată la ceea ce-ai descoperit. Orice te animă în interiorul tău este în concordanță cu voința divină și cu ceea ce ești tu menit să îndeplinești în această viață. Sunt oameni care nu descoperă asta niciodată, își trăiesc viața mediocru, după standardele altora, se complac în nefericirea lor, neștiind că în interiorul lor stă comoara infinită. Nimeni nu-ți este dator cu nimic, tu nu datorezi nimic nimănui, în afară de tine însuți. Ești dator să afli adevărul cu privire la cine ești tu, cel din spatele trupului, jobului, familiei, prietenilor, credințelor și părerilor celorlalți. Ce ești tu? De ce ești aici? De ce ți-ai ales familia pe care o ai? Sau pe care nu o ai? Ce răni trebuie să vindeci? Ce lecție ai de învățat? Care este scopul tău? Cum poți ajunge la esența ta reală? Ești un buchet de lumină și iubire, ești exact unde trebuie să fii. Renunță la rolul de victimă, iartă-te, acceptă-te, iubește-te, căci doar așa îi poți iubi pe ceilalți. Isus ne-a iubit atât de mult, încât s-a jertfit pentru noi, iubirea pură l-a determinat să sufere dureri inimaginabile pe cruce, pentru ca tu și eu să avem șansa să ne cunoaștem cu adevărat și să ajutăm mai departe pe ceilalți, prin iubire. Iubire față de semeni și de tot ce ne înconjoară. Aceasta este calea: recunoștință, iubire necondiționată, liniște, acceptare, trăire. Trăiește orice moment din plin, nu-ți mai face griji tot timpul, fii precum un copil, fă orice activitate plin de curiozitate și entuziasm, ca și cum ai face-o pentru prima dată. Bucură-te că ești viu și înconjurat de tot ce este viu, ființe, natură și tot ce există, căci acestea sunt interconectate, nimic nu se întâmplă fără voia Sa.

*

În mine se dă o luptă, schimb o viață de gândire și trăire distructive, ego-ul își cere dreptul, vrea să recapete supremația, nu pot lupta cu el, însă îl pot determina să fie slujitorul meu, și nu invers. Mă pierd cu firea, emoția se transformă în furie și agresivitate, pe care le conștientizez abia după ce se produc. E nevoie de stăpânire de sine, meditație, rugăciune cu inima: Doamne Isuse, ghidează-mă ca să te pot găsi pe Tine, luminează-mă să fac voia Ta, alerg către Tine, Doamne, prinde-mă, dă-mi putere și răbdare, dă-mi iubire infinită ca să pot duce Lumina Ta și altora, învață-mă despre Tine, Isuse, mijlocitorul meu. Știu că pot, Domnul e cu mine, voința divină își are locul în inima mea, scopul meu este să mă mențin pe frecvența iubirii, unde totul este posibil. Trag aer în piept, expir prelung și transform agresivitatea în creativitate. Harul meu este să-i ajut pe alții să se descopere și asta am să fac cu toate resursele și cu tot cugetul meu. Fiecare are darul său pentru ceilalți, prin care se desăvârșește și se deschide altora, nu e nevoie să-l cauți, e deja acolo, doar intră în interiorul tău și iată-l, te așteaptă să-l dăruiești semenilor tăi, oricui are nevoie de el. Nimic nu bucură spiritul mai tare decât creativitatea, ea vine din suflet și scopul ei este iubirea. În starea de creație ești conectat cu adevăratul tu, cel care știe că tot ce există este iubire.

Știu că este doar o altă etapă, știu cine sunt și nu mă pot reîntoarce niciodată la cea care am fost. Frâiele sunt în mâinile mele, eu decid ce mă afectează și ce nu, puterea oricărui lucru sau acțiune este cea pe care eu o atribui.

Toate fricile și temerile din trecut par să dorească să mă subjuge din nou, însă acum există un nou eu, un eu conștient, un eu care se predă divinului în orice clipă și un eu care știe că este lumină și iubire infinită.

Am simțit nevoia să intru într-o meditație ghidată de curățire profundă, după care m-am regăsit mai ușoară și mai aproape de esența a tot ce este. Probabil că este un fel de zbatere a egoului, a vechiului eu căreia îi plăcea să sufere, să se limiteze în existența fizică. Nu-i nimic, asta doar mă ambiționează să continui. Știu și îmi reamintesc, pe zi ce trece, tot mai mult că sunt un spirit în trup, că menirea mea este să trăiesc în iubire și armonie și că trebuie să îi scot, pe cei care doresc, din propriul lor întuneric.

Actorul Richard Gere are un obicei mai mult decât benefic, despre care am citit într-un articol, și anume: primul gând pe care îl nutrește despre orice om cu care intră în contact sau pe care îl vede este „Îți doresc fericire". Poți face și tu asta? El practic transmite energie (vibrație) pozitivă, și ghici ce?, o transmite conștient, iar cel care o primește, i-o înapoiază inconştient, căci totul este energie. Ea, ca şi iubirea, se amplifică atunci când o dăruieşti. Nu este magnific? Mie mi se pare un lucru extraordinar şi mă umple de bucurie. Gândul bun, ca şi rugăciunea, ajută şi pe cel ce o rosteşte, şi pe cel căreia îi este adresată. De aceea Isus ne îndeamnă să ne rugăm pentru asupritorii noştri, nu există nimic mai puternic decât rugăciunea şi iubirea necondiţionată.

În starea de iubire nu judecăm, nu ne îndoim, nu criticăm, nu purtăm ranchiună, nu avem gânduri distructive, pur şi simplu suntem. Atât. Starea de a fi este însuşi scopul şi motivul bucuriei nemărginite. Aceasta se poate cultiva. Am văzut că i-au dat un nume modern, *mindfulness*, adică să fii cu mintea şi cu toată fiinţa la acţiunea pe care o faci: dacă mănânci, fii acolo cu mâncarea, simte-i gustul, mirosul, priveşte-o, binecuvânteaz-o, nu te gândi la nimic altceva; dacă te plimbi, urmăreşte picioarele cum îşi fac lucrarea lor minunată; dacă savurezi o cafea, fii acolo în aroma şi gustul ei. Şi exemplele pot continua la nesfârşit. Ideea este să educi mintea să nu mai producă gânduri în exces. Ai să spui ca nu este aşa, că nu ai gânduri „în plus". Ei bine, orice gând în afara acţiunii sau lucrului pe care îl faci este surplus. Ia observă-te şi vei realiza că mintea ta nu tace niciodată, poate doar atunci când dormi. Dar poţi să te educi.

Cum? Fiind prezent în Acum. De reţinut că mintea nu o poţi aduce la tăcere prin luptă sau control. Ajungi la nebunie. Însă te poţi detaşa prin trăirea în Acum, în meditaţie sau în creaţie.

Am citit că Steve Jobs făcea nişte paralele cel puţin amuzante, însă veridice. El numea pălăvrăgeala continuă a minţii - minte de maimuţă, iar starea de observator, minte de bou, adică tăcută şi înceată. Când experimentezi un şoc sau o situație neprevăzută, pe care mintea nu a avut timp să o anticipeze, poți trăi starea de observator foarte ușor. Sigur ai trăit măcar odată așa ceva, ai idee despre ce vorbesc. Acum ai un punct de plecare. Cultivă-te, antrenează-te să trăiești în Acum, unde nu există probleme, există doar bunăvoință, pace și plinătate.

Când ai un moment de confuzie sau agitație, retrage-te undeva și respiră adânc, abdominal: timp de 5 secunde umple plămânii cu aer, apoi expiră tot 5 secunde, eliminând toată negativitatea. Repetă până când te calmezi. Fă asta cât mai des, are efecte miraculoase. Respirația superficială și rapidă conduce la cele mai multe blocaje în curgerii energiei și, implicit, pentru sănătatea fizică. Respirația este un lucru sacru, trebuie practicată constant, ca o rugăciune. Ea ne readuce în interiorul nostru, ne ajută să fim lucizi și plini de bunătate izvorâtă din suflet.

Ca răspuns al rugilor mele anterioare, am descoperit o rugăciune minunată, scrisă de părintele Arsenie Boca. Se numește *Litanie către Duhul Sfânt*. Am început să o spun în fiecare seară, înainte de culcare. Durează cinci minute, însă furia mea a scăzut considerabil. Slavă Domnului, căci știu că El este pretutindeni și veșnic iubitor. Litania este o rugăciune dialogată. Ei bine, eu vorbesc cu divinitatea încontinuu. Cel mai des mă rog să pot vedea ființele și lucrurile așa cum le vede Domnul, în măsura în care îmi este permis de voința divină și, de asemenea, mă rog să pot face voia Lui și să-mi îndeplinesc menirea pe care o am și pe care mi-am ales-o înainte să vin pe acest pământ, Amin!

Tu te rogi? Pentru ce? Să știi că nu este obligatoriu să te rogi în biserică, o poți face oriunde. Atâta timp cât te rogi cu inima, nu contează nimic altceva. El este dispus să te asculte oricând. Eu, de fiecare dată când o fac, primesc negreşit un semn, un îndemn sau orice corespunde rugilor mele. Este nevoie doar să fiu receptivă, deschisă. Nu există coincidenţe, chiar nu există. Inteligenţa enormă şi atoate-iubitoare ce ne conduce ştie ce este cel mai bine pentru fiecare dintre noi. Ai încredere! Ce ai de pierdut?

Dragă cititorule, astăzi am simţit iubirea şi Slava lui Dumnezeu în inima mea, am vărsat lacrimi de mulţumire şi recunoştinţă infinită. Este doar o reconfirmare a faptului că Dumnezeu ne iubeşte şi ne ascultă atunci când ne încredem în el cu totul.

Am mers la cabinetul de optică şi i-am spus doamnei de acolo că nu mă mai ajută ochelarii fiindcă au scăzut diop-triile. Dânsa m-a privit de parcă aş fi recitat tot „Luceafărul" lui Eminescu. După consultaţie, verdictul a fost schimbarea lentilelor cu o dioptrie în minus. Da, ochii mei şi trupul meu revin, încet şi sigur, la perfecţiunea pe care divinitatea i-a hărăzit-o! Slavă Ţie, Doamne, căci eşti infinit Iubitor şi Răbdător cu noi toţi. Este adevărat, Dumnezeu te ajută dacă te ajuţi şi singur! Adică am grijă de trupul şi de spiritul meu, evit cât pot mâncarea procesată, cel mai des gătesc acasă, nu cumpăr nimic fără a citi ctichcta, urmez o cură cu spirulina şi chlorella bio, iar pentru ochi iau dimineaţa, pe nemâncate, un gram de lăptişor de matcă proaspăt.

Nu consum sucuri acidulate, am o întreagă istorie cu ele. A fost o vreme când beam băutură neagră în loc de apă, un abuz pentru organism. Mulţumesc divinităţii că am scăpat de această dependenţă.

Orice dependenţă apare pentru a compensa o lipsă, cel mai des a iubirii, sau pentru a potoli mintea (alcoolul), însă e doar un miraj, nu durează, schimbarea trebuie să înceapă din interior.

Ea apare atunci când ești dispus să-ți asumi pe deplin responsabilitatea pentru absolut orice se petrece în viața ta.

Pentru sănătatea emoțională, intru în meditație zilnic minimum 20 de minute, maximum 40 de minute. Momentan. Citesc tot ce îmi cade în mână, căci tot ce ajunge la mine este pentru mine.

Cineva apropiat mie s-a vindecat de o boală destul de grea. Când analizele au confirmat că este complet vindecată, mi-a împărtășit bucuria. Evident că am fost bucuroasă, dar n-am putut simți bucuria ei. Acum, când Domnul m-a învățat să plâng de bucurie, am realizat ce a însemnat pentru ea. Dragă cititorule, minunile există și sunt pretutindeni. Credința vindecă, vă asigur! Cu credință, orice este posibil. Așa cum a spus și Isus leprosului: „Credința ta te-a vindecat!"

Trebuie să ai credință, să fii răbdător și perseverent. Dacă știi că tot ceea ce se întâmplă este pentru că tu ți-ai ales asta înainte să vii pe Pământ, atunci toate îndoielile și toate fricile dispar. Divinitatea se asigură că îți urmezi traiectoria pe care ți-ai ales-o și că nu încalci nicio lege a naturii.

Aș putea să-ți dau mai multe exemple despre perseverență:

Actorul Sylvester Stallone a trecut prin niște încercări grele. Înainte de a fi faimos, a dormit chiar și într-un depou de autobuze timp de trei săptămâni. În urmărirea visului de a fi actor, și-a vândut câinele pe 25 de dolari, pentru că nu-și permitea să-l hrănească. A jucat într-un film porno, pentru 200 dolari, ca să nu moară de foame. Apoi, într-o zi, pe când urmărea un meci televizat de box, i-a venit ideea unui scenariu briliant, pe care l-a scris în câteva ore, fără întrerupere. Producătorii i-au oferit 350 mii de dolari pentru acesta, însă Stallone a refuzat, deoarece își dorea rolul principal. Producătorii au râs de el şi i-au spus că nu se pretează la meseria de actor Dar el a fost atât de determinat în a-şi urma calea, încât până la urmă nu au avut de ales şi i-au oferit rolul principal. Aşa a devenit cunoscut în toată lumea (Rocky Balboa). Şi-a răscumpărat câinele pentru cincisprezece mii de dolari.

Michael Jordan, celebrul baschetbalist, a fost dat afară din echipa de baschet a liceului.

Thomas Edison, inventatorul becului, a fost considerat, în primii ani de scoală, „prea prost ca să poată să înveţe ceva". Profesorii chiar i-au trimis mamei sale un bilet, rugând-o să-l retragă de la unitatea lor de învăţământ. Însă mama lui a crezut în el şi l-a ajutat să creadă şi el în geniul lui.

Oprah Winfrey, vedeta TV, a fost concediată dintr-un post de reporter, pe motivul că „nu e potrivită pentru televiziune".

Walt Disney a fost concediat de către unul dintre ziarele la care lucra, pe motiv că „îi lipseşte imaginaţia şi nu are idei bune". A dat faliment de mai multe ori până la formula cu parcurile de distracţie şi desenele animate care l-au consacrat.

Albert Einstein, geniul, apostrofat de către profesorii săi ca fiind „lent, anti-social şi cu handicap mintal", nu a vorbit până la patru ani şi nu a citit până la vârsta de şapte ani.

Elvis Presley a fost refuzat după prima audiţie, pe motiv că „n-o să ajungă nicăieri şi mai bine s-ar face şofer de camion".

Henry Ford a dat faliment de cinci ori până când a creat compania care i-a adus gloria.

Inginerul Soichiro Honda a fost respins de Toyota Motor şi a lucrat ca vânzător până când a început să construiască propriile scutere și motoare, atât de apreciate mai târziu.

Charlie Chaplin a fost refuzat de studiourile de la Hollywood pentru că interpretarea lui era fără sens și „nu putea fi interesant pentru spectatori".

La primul rol interpretat de Harrison Ford, , unul dintre realizatori i-a declarat că nu o să aibă niciodată succes în filme. Ai văzut vreun film de-al lui?

Steven Spielberg, respins de trei ori la admiterea la Universitatea de Teatru, Film și Televiziune, a devenit un regizor celebru.

The Beatles au fost refuzați de un studio pentru că „muzica lor nu sună deloc bine". Ai auzit de ei?

J. K. Rowling, divorțată și cu un copil, trăia din ajutorul de șomaj. A fost ridiculizată de prieteni și familie (tragic!) atunci când a început să scrie Harry Potter. Acum este „primul autor de cărți miliardar".

Jim Carrey a locuit, la un moment dat, într-un microbuz. La 15 ani a renunțat la scoală ca să-și ajute familia. Este unul dintre cei mai mari actori de comedie ai tuturor timpurilor. În urmă cu câțiva ani s-a apucat de pictură, ca mijloc de refulare interioară. Picturile sale sunt uimitoare, fiind create din adâncul ființei sale. A încetat să mai caute adevărul, după cum el însuși declară. Deci, se poate găsi scopul vieții.

Aș putea continua la nesfârșit. Morala este una singură: trebuie să ai încredere în tine, părerea altora nu contează, dacă este una negativă. Ei doar judecă, pentru că încă sunt în suferință. Un om care nu și-a descoperit propria divinitate, nu poate să-l ajute pe un altul în niciun fel, pentru că încă mai are de învățat.

Un om conștient de ființa sa interioară, legat de divinitate, este ca o făclie aprinsă în întuneric, lumina lui străluceşte peste tot pe unde merge, aduce zâmbete pe chipuri şi determină voinţa şi creativitatea să iasă la su-prafaţă.

Omul care trăieşte încă în întuneric este ghidat doar de frici şi neîncredere în procesul vieţii şi trebuie să admită că nimeni, în afară de bunul Dumnezeu, nu poate deţine controlul absolut. Însă omul are liber arbitru, iar Dumne-zeu i-a dat puterea să fie stăpân peste toate, în acord cu voinţa divină. Odată ce realizezi asta, totul devine limpede, nu mai ai poveri în spate, eşti uşor ca fulgul, fiindcă te laşi purtat în braţele divinităţii.

Am să-ţi povestesc despre un videoclip pe care l-am văzut la un moment dat: un bărbat care se temea de înăl-ţimi a cedat la rugăminţile prietenilor şi a mers, împreună cu ei, ca să sară cu paraşuta din avion. Privea îngrozit cum ceilalţi săreau fiecare împreună cu ghidul lor şi cădeau în gol cu o viteză uimitoare până în momentul în care des-chideau paraşuta. Atunci când a venit rândul lui, ghidul a numărat 3, el nu, 2, el iar nu, 1, apoi au sărit în ţipetele sale terifiante. Rolul lui era să tragă de pârghia ce deschidea paraşuta, Fiind cuprins de frică şi, tot gândindu-se la cele mai groaznice scenarii, n-a putut auzi strigătele disperate ale ghidului, care-i tot repeta să tragă pârghia. Şi-au pus vieţile în pericol din cauza blocajului lui mental, indus de frică. Frica este bună atunci când suntem în pericol, este un mod de conservare a speciei, însă dacă intervine raţiu-nea, apare curajul, cel care ne ajută să ieşim din situaţia periculoasă. Ei bine, ghidul a fost nevoit să-i astupe gura şi să-i strige din răsputeri să deschidă paraşuta. Într-un fi-nal, au reuşit să scape cu bine.

Exact ca şi acest bărbat, un om acţionează astfel dacă încă nu s-a redescoperit pe sine. Este condus de frică, este îngrozit și, în ciuda tuturor semnelor care i se-arată, ale bolilor care încearcă să-l readucă pe calea dreaptă, continuă să se automutileze.

De ce vrei să suferi în continuare? Îți aduce asta confort? Îți aduce bucurie? Probabil că simți o plăcere masochistă atunci când te victimizezi, când te consideri o particulă de praf, știu, am făcut și eu asta, dar crede-mă că bucuria de a ști cine ești cu adevărat și de a simți iubirea divină nu are termen de comparație. Ești ființă de lumină, ești bucurie, ești iubire, ești armonie, ești exact cine trebuie să fii! Acceptă-te și iubește-te, căci Domnul te iubește nespus. Da, pe tine! Isus spune: „regatul împărăției lui Dumnezeu este în fiecare dintre voi". În tine, în noi toți. Dumnezeu te iubește nespus, însă ție îți este teamă să accepți asta, oamenilor le este teamă că nu sunt vrednici de iubirea Lui, însă El nu face diferențe între copii Săi. Slava Lui este infinită, odată ce-o primești, te umple de bucurie și lumină.

Fiecare dintre noi trece printr-un proces de evoluție individual și intim, nimeni nu o poate face în locul tău, ține de voința ta, de dorința de a te elibera de lanțurile pe care singur ți le-ai încolăcit în jurul trupului și, mai ales, al minții. Un om adormit caută mereu fericirea în afara lui, neștiind că în interior stă fericirea deplină și adevărată. Se lasă amăgit de iluzii deșarte, se lasă manipulat și crede că în lume exista doar rău și suferință. Fiecare vede lumea reală raportată la cine este el în mintea lui, la simțămintele lui, vede în felul în care a fost instruit să vadă. Dar a sosit timpul să ne trezim, să ne întoarcem la cine suntem cu adevărat.

Iubirea, bunătatea, acceptarea, răbdarea și recunoștința sunt uneltele care vor transforma lumea.

Există un trib în Africa unde, atunci când un membru al comunității face un rău sau o greșeală, acesta este adus în mijlocul tuturor și fiecare spune un lucru bun sau o faptă frumoasă pe care „inculpatul" le-a făcut de-a lungul timpului. Deci, în loc să-l condamne pentru un lucru rău pe care l-a făcut, ei îl ajută să revină pe calea corectă, reamintindu-i-se tot ceea ce a făcut bun. Aceasta este o modalitate nemaipomenită prin care se poate face o diferență majoră: să vezi mereu binele în oameni, să nu-i critici. Sunt oameni care ajung să fie răi pentru că, la rândul lor, au fost tratați rău sau au fost maltratați, abuzați. Cum altfel să-și revină, dacă nu prin înțelegere și iubire?

Am vizionat o poveste de viață a unui puști orfan, mutat mereu de la o familie la alta. Crea mereu probleme și familia la care era plasat îl trimitea înapoi la orfelinat. Era un adolescent care suferea cumplit și nu cunoscuse iubirea unor părinți. Făcea năzbâtii și în acest mod se refugia și se descărca, știind că la un moment dat va fi dat din nou afară. Până când a ajuns la o familie care l-a iubit necondiționat din prima clipă. I-au dat voie să fie cine voia el să fie, însă au crezut în el și minunea s-a produs: a renunțat la atitudinea rebelă și a început să răspundă iubirii cu iubire. Nu există cauze pierdute, cu iubire orice este posibil.

Contează cine vrei tu să fii, contează ce vrei tu să simți, atât de simplu este. De aceea Creatorul ne-a lăsat liberul arbitru, ca noi să putem alege realitatea noastră. Schimbarea începe în fiecare dintre noi, nu putem cere altuia ceea ce noi nu avem sau simțim. Cel mai bun lucru pe care poți să-l împarți este cel pe care l-ai trăit tu însuți.

Un lucru foarte important în acest proces este să fii perseverent și efectiv să nu-ți pese de nimic, în afară de tine și de scopul tău cel mai înalt, deoarece dacă vei fi zguduit de orice voce mică ce-ți spune că nu poți sau că ai luat-o razna, ei bine, nu vei înainta. Soluția este să ai încredere în tine, în divinitatea din tine și în divinitatea supremă ce însumează tot ceea ce există. Este limpede că vor fi persoane care nu te vor susține. Și ce dacă? Fiecare face exact ce îi dictează conștiința, pentru că niciun om nu se aseamănă cu un altul din acest punct de vedere și nu toți sunt pregătiți pentru acest adevăr. Nu poți trezi un om cu forța, deoarece fiecare este la nivelul lui de interpretare și înțelegere. Majoritatea încă merge cu mulțimea după himere, carieră, case luxoase, mașini scumpe, haine etc.. Ei caută și aleargă frenetic după niște iluzii. Unul dintre cele mai revelatoare momente de conștientizare este atunci când realizezi că tot ce există stă în Acum, restul nu contează.

De ce? Pentru că toate lucrurile materiale sunt efemere, tot ce ai, iei cu tine (Cicero).

Nu susțin extremele, de exemplu să stai pe stradă. Nimeni nu ar trebui să trăiască pe stradă, fiecare om ar trebui să aibă exact cât are nevoie, nici mai mult, nici mai puțin. Asta ar însemna echilibru și pace. În prezent, câțiva oameni s-au lăcomit și au acaparat mai mult decât le era necesar, pe când alți oameni, chiar și copii, suferă de foame sau de frig.

Imaginează-ți o lume unde nu există lăcomie, în care este de ajuns pentru toți, fiecare dăruiește și primește la rândul lui, o lume conștientă și plină de iubire. Putem face asta, schimbarea începe cu tine însuți.

Un antropolog a propus copiilor dintr-un trib african un joc. A pus un coș plin cu fructe lângă un copac și le-a spus: cine ajunge primul la coș, le câștigă pe toate. Când a dat startul, aceștia s-au luat de mână și au fugit cu toții spre coș. Ajunși la destinație, s-au așezat și s-au bucurat împreună de fructele delicioase. Când i-a întrebat de ce au fugit în acest fel, în loc ca doar unul singur să se bucure de toate fructele, aceștia au răspuns: „ubuntu". Cum poate cineva să fie fericit în timp ce alții sunt triști? În cultura Xhosa, ubuntu se traduce prin „eu sunt pentru că tu ești". În perspectiva mea, acest cuvânt se referă la unitate, la faptul că, atunci când dăruiești, tot ție îți dăruiești.

Există o lege nescrisă: înainte să primească, fiecare om trebuie să ofere să contribuie la binele comun, la protejarea planetei, care este mama Pământ, și la evoluția spre lumina divină.

*

Așa cum am spus și anterior, procesul evoluției este unul care necesită voință, dar mai ales iubire de sine și abandonare în mâinile divinului, cu credință oarbă și știind că absolut toate etapele prin care treci sunt pentru binele tău mai înalt. Asta nu înseamnă că nu poate fi dureros. Este nevoie să te cureți de toată mizeria acumulată. Ca să lași iubirea și creația divină să te umple, este nevoie să te golești de tot ce-ți face rău, de tot ce te ține blocat, pentru ca mai apoi să fii recreat din scânteie și iubire plină de har.

Am realizat, încă o dată, acum la un nivel mai profund, că rana mea din interior, care a contribuit masiv la degradarea divinității din mine însămi, este o rană de abandon, dat fiind că nu am cunoscut iubirea, protecția și siguranța oferite de un tată. De aceea, am trăit multă vreme cu sentimentul că nu merit să fiu iubită și apreciată, inclusiv de către Dumnezeu, pe care îl consideram tot masculin, de acolo pornind și gelozia bolnăvicioasă pe partener, coșmarurile și închipuirile. Mă simțeam nevrednică de iubire.

Mulțumesc lui Dumnezeu că mă ajută să mă purific de otravă și să acționez cu iubire și înțelegere față de mine însămi și față de ceilalți. Fiecare conștientizare mă aduce mai aproape de scopul meu cel mai înalt, de divinitate și de conștiința christică.

Iertarea și non-rezistența sunt două dintre cele mai puternice soluții de rezolvare a oricărei răni. Nu există nimic ce nu poate fi vindecat cu acestea.

Omul fără divinitate este neant, el nu poate fi stăpânul vieții sale până când nu se aliniază cu voința divină și rămâne prizonierul minții sale limitate, condusă de iluzii și produse false ale imaginației. Trăiește în frică și nimic nu îl satisface, își trăiește propriul coșmar.

Omul trebuie să înțeleagă că Dumnezeu nu cunoaște răul, sărăcia, boala sau oricare dintre limitările impuse de mintea umană adormită.

Odată ce ai priceput asta, totul devine limpede, vezi lucrarea și binecuvântarea Domnului în tot ce există. Dumnezeu te iubește într-un mod altruist, nepământesc, plin de iubire magnifică, El vrea pentru tine exact ce vrei și tu. Cu credință, orice lucru este posibil. Când tu spui „nu pot", Domnul spune: „eu pot", când tu spui „e imposibil", Domnul spune: „toate lucrurile sunt posibile", când tu spui „mă tem", Domnul spune: „nu ți-am oferit un spirit de frică", când tu spui „nu sunt capabil", Domnul spune: „te voi ghida", de aceea orice faci împreună cu Dumnezeu este posibil. Dacă credința ta este nestrămutată, îndoiala nu are loc, iar tu obții absolut tot ce ți se cuvine prin drept divin. Curios este că, atunci când cedezi puterea și voința ta lui Dumnezeu, obții și cele mai nesperate lucruri. Isus a spus: „Facă-se voia Ta, nu a mea"! În asta constă fericirea deplină, dai lui Dumnezeu poverile şi dorinţele tale, ştiind că El vrea doar binele tău mai înalt.

Atunci când etichetezi o situaţie sau o persoană ca fiind rea, înseamnă că te opui ei, deci te opui voinţei divine. În momentul în care nu mai rezişti, poţi binecuvânta situaţia sau persoana respectivă, ştiind că în ea este Dumnezeu, iar tot ce se întâmplă este spre binele tău superior. Plasezi controlul în mâinile Domnului, iar El ştie ce ai tu nevoie, oferindu-ţi din preaplinul Său. Acesta este principiul non-rezistenţei.

Este necesar să înţelegi că nu există nimic ce nu poţi să fii, să ai sau să faci. De ce? Pentru că Dumnezeu este în tine, în afara ta şi peste tot împrejurul tău. Orice faci împreună cu El, este posibil. Nici un vis nu este imposibil de realizat. Dacă îţi este dat, înseamnă că îl poţi dobândi, altminteri nu l-ai fi putut gândi. Imaginaţia este forţa ta creatoare. Absolut orice îţi imaginezi şi în care crezi poate deveni real, dacă nu te îndoieşti. Dumnezeu te ajută să-ţi împlineşti planul perfect care îţi este destinat doar ţie. Ceea ce îţi aparţine prin drept divin, nu îţi poate fi răpit niciodată. Meriţi tot ce este mai bun, eşti iubit mai mult decât ţi-ai putea vreodată imagina, dragostea lui Dumnezeu pentru tine este nemărginită, El este cu tine pretutindeni. Dacă stai atent (în linişte), îi poţi simţi prezenţa în tot ce faci.

Atunci când ai o intenţie, o dorinţă, este de preferat să o menţii în suflet şi să o ajuţi să crească, exact ca si cum ai planta o sămânţă: o pui în pământ fertil, o îngrijeşti zilnic până când ea devine un arbore mare, înfrunzit, şi se dezvoltă din ce în ce mai mult. Exact aşa şi cu dorinţa ta, trebuie să fie în concordanţă cu voinţa divină. Trebuie să-ţi asculţi intuiţia, fără să te preocupi de rezolvare, având încredere că Domnul lucrează pentru îndeplinirea ei. Nu-i impune limite lui Dumnezeu, căci pentru El nimic nu este imposibil. Are rost să te îngrijorezi pentru cum va crește sămânța? Nu, căci ea este ghidată de divinitate. La fel și intenția ta. Ceea ce se impune să faci este să ai încredere, crede cu tot cugetul tău și miracole vor presăra drumul vieții tale, căci asta vrea Domnul pentru fiecare dintre noi. El nu are preferați. El iubește pe toți la fel, nu face diferențe între copiii Săi. Singura piedică spre o viață extraordinară ești tu însuți. Tu ai fost învățat că există limite, că există rău și așa mai departe. Ai fost crescut în așa fel încât să-ți fie teamă de dorințe prea mari, de vise prea frumoase, de realizarea propriilor gânduri. Dar nu ai observat oare că exact ceea ce gândești, aceea se întâmplă? Credința în rău este doar opusul credinței în bine, tu singur decizi ce cale urmezi! Întunericul este doar absența luminii, însă cum ar putea exista unul fără celălalt? Orice etichetezi ca fiind greșit, poate fi, de fapt, un mare bine, căci nu există greșeală în planul divin. Dumnezeu este de o asemenea măiestrie, cum nu îți poți imagina. Nu ești nesemnificativ, așa cum poate ai crede. Domnul se experimentează prin tine, ești perfect exact așa cum ești, ai o singură menire: aceea de a fi fericit.

Bucură-te, omule, căci ești ființă divină, ești iubit și apreciat în orice clipă a vieții tale. Chiar și atunci când crezi că ești cel mai mare păcătos, Domnul este cu tine și te ghidează către El, către lumina divină din tine însuți. Cel mai mare păcat este să te desconsideri și să crezi că nu ești valoros. Ești mai prețios decât crezi, ești minunat, ești o țesătură din fire de aur. Apreciază-te, iubește-te și vei vedea cum te transformi. Nimeni, în afară de Dumnezeu, nu poate ști cât valorezi. Nu lăsa pe nimeni să-ți spună cine ești și ce poți face. Ai puterea de a realiza orice îți propui,

atât timp cât dorința ta nu rănește pe nimeni și nimic și
atâta timp cât îți este dat prin drept divin.

Există o parabolă cu privire la încrederea în sine:

Odată, un tânăr a mers sa-l viziteze pe un înțelept și i-a
spus: „Am venit să-ți cer un sfat, pentru că sunt chinuit de
sentimente de inutilitate. Toata lumea îmi spune că sunt
un ratat și un prost. Te implor, Maestre, ajută-mă!"

Înțeleptul se uită la tânăr și îi răspunse în grabă: „Iar-
tă-mă, dar sunt foarte ocupat acum și nu te pot ajuta. Am
o problemă urgentă de care trebuie să mă ocup..." – și aici
s-a oprit, s-a gândit un moment, apoi a adăugat: „Dar dacă
ești de acord să mă ajuți, îți voi întoarce bucuros favoarea."

„De... desigur, Maestre!", murmură tânărul, observând
cu amărăciune că încă o dată preocupările sale au fost res-
pinse ca lipsite de importanță. „Bine", a spus înțeleptul, și
și-a scos de pe deget un inel mic, cu o piatra frumoasă.

„Ia calul meu și du-te direct la piață! Am nevoie urgent
să vând acest inel, ca să-mi plătesc o datorie. Încearcă să
obții un preț decent pentru el și să nu accepți mai puțin de
o monedă de aur! Du-te chiar acum și vino înapoi cât de
repede poți!"

Tânărul a luat inelul și a pornit la galop. Când a ajuns
în piață, le-a arătat inelul mai multor negustori, care l-au
examinat îndeaproape. Dar imediat ce au auzit că inelul se
vinde numai în schimbul aurului, și-au pierdut complet
interesul. Unii dintre ei i-au râs în față, alții pur și simplu
i-au întors spatele. Unul singur i-a explicat că nu poate
primi pe inel decât câteva monede de aramă, sau cel mult
de argint.

Când a auzit aceste cuvinte, tânărul s-a supărat foarte
tare, pentru că și-a adus aminte de instrucțiunile înțelep-
tului de a nu accepta decât aur. După ce s-a plimbat în

zadar prin toată piața în căutarea unui cumpărător, el a pus șaua pe cal și a plecat. Simțindu-se foarte deprimat de eșecul său, s-a întors la bătrânul înțelept.

„Maestre, a fost imposibil să îndeplinesc cererea dumitale", a spus el. „În cel mai bun caz, aș fi fost capabil să obțin două monede de argint, dar mi-ai spus să nu fiu de acord cu nimic mai puțin decât aurul! Însă oamenii de la piață mi-au spus că acest inel nu valorează atât de mult."

„Acesta este un detaliu foarte important, băiatul meu!", a răspuns înțeleptul. „Înainte de a încerca să vinzi un inel, nu ar fi o idee rea să stabilești dinainte care este valoarea lui reală! Și cine poate face asta mai bine decât un bijutier? Du-te la el și află care este prețul. Numai să nu i-l vinzi, indiferent cât îți va oferi! În schimb, să te întorci la mine imediat."

Tânărul a sărit încă o dată pe cal și a pornit către bijutier. Acesta din urmă a examinat îndelung inelul cu o lupă, apoi l-a cântărit. În cele din urmă, s-a aplecat către tânăr și i-a zis: „Spune-i stăpânului tău că în clipa asta nu-i pot da mai mult de 58 de monede de aur pentru inel. Dar dacă îmi lasă ceva timp, voi cumpăra inelul cu 70 de monede."

„Monede de aur?! 70?!", a exclamat tânărul. El a râs, i-a mulțumit bijutierului și s-a grăbit să se întoarcă la înțelept, povestindu-i plin de însuflețire ce s-a întâmplat. După ce l-a ascultat, acesta i-a spus: „Ia aminte, băiatul meu, că ești ca acest inel. Prețios și unic! Și numai un expert adevărat poate aprecia adevărata ta valoare. Deci, de ce îți pierzi timpul rătăcind prin piață și luând în seamă opinia oricărui negustor?"

Atunci când te devalorizezi, ai tendința să te uiți doar înspre ceea ce tu numești defecte sau lipsuri. Ei bine, atunci când înveţi să te iubeşti şi să te apreciezi, începi să-ţi dai voie să fii exact cine trebuie să fii. Începi să străluceşti ca un diamant, tu chiar asta eşti, un diamant neşlefuit.

Atunci când gândurile tale sunt focalizate pe bucurie, acceptare, binecuvântare, prosperitate, acestea tind către tine. Este valabil şi pentru opusul lor: atunci când eşti concentrat pe tristeţe, negaţie, opoziţie faţă de ceea ce este, sărăcie, acestea se manifestă întocmai.

Fiecare gând pe care îl ai este o alegere, fiecare emoţie care apare este produsă de subconştientul tău: ori te laşi condus de ea, ori te transpui în rolul de observator şi vezi ce vrea să te înveţe. Curgi cu ea, o accepţi, o binecuvântezi ştiind că are însemnătate în procesul tău de evoluţie. Acum este momentul potrivit pentru a-ţi schimba viaţa, pentru a deveni stăpânul acţiunilor şi gândurilor tale. Este timpul perfect pentru a obţine toate darurile şi toate harurile care ţi se cuvin prin drept divin. Fii deschis, ascultă-ţi intuiţia, instinctul sau cum vrei să-l numeşti. Acea voce interioară care nu strigă, ea şopteşte cu iubire, este vocea Sinelui tău superior, el ştie deja tot ceea ce urmează şi tot ceea ce este mai potrivit pentru creşterea ta. Pământul este un loc unde Dumnezeu îşi trimite copii, la alegerea lor, pentru a creşte şi pentru a se juca, pentru a fi fericiţi, senini, pentru a experimenta viaţa întocmai ca un nou născut ce creşte, se transformă şi se desăvârşeşte prin el însuşi, cu ajutorul lui Dumnezeu din el şi dimprejurul său. Asta îşi doreşte Domnul pentru tine, să fii fericit, împlinit şi să împărtăşeşti şi altora iubirea şi fericirea ta. Despre asta este viaţa, despre a-ţi atinge adevăratul potenţial, despre a fi o lumină oriunde mergi şi orice faci, despre a experimenta toate bucuriile vieţii. Uitaţi-vă la un copil, el se bucură continuu, acum plânge şi în următorul minut râde, el nu cunoaşte răutate, invidie, limitare, pentru el totul este posibil, el știe că este scânteie divină și toate i se supun. El își imaginează și creează în fiecare secundă. De ce tu n-ai face la fel? Este posibil, trebuie doar să alegi asta, să alegi bucuria, iubirea, acceptarea, să știi cu tărie că viața este despre binecuvântări, nu despre piedici, că orice lucru care ți se întâmplă este pentru a te determina să vezi viața ca pe un dar, nu ca pe o povară. Viața este un cadou extraordinar de la Dumnezeu pentru tine, pentru ca tu să faci tot ce-ți dorești, să fii adevăratul tu, cel care poate orice, cel care este mai presus de cotidian și de orice limitări exterioare. Tot ceea ce trebuie să faci este să crezi și să fii! Atât! De restul are Dumnezeu grijă, tu nu ești aici ca să te chinui, ești aici ca să fii fericit și folositor, cum spune și sfinția sa Dalai Lama.

Majoritatea oamenilor nu prețuiesc viața decât în momentul în care sunt pe cale să o piardă. Atunci ar vrea să mai primească o șansă ca să se poată bucura de ea, să aprecieze tot ce au și, mai ales, tot ceea ce sunt. Ei sunt focusați doar pe ceea ce nu au, pe ce ar putea avea, pe ceea ce au alții. Sunt blocați în rutina lor extenuantă și goana după cât mai multe posesiuni și atribute. Au uitat simplitatea, bucuria izvorâtă din suflet, sunt speriați de pierderi de orice fel, de eșec, de judecata altora, însă ce e cu adevărat important au uitat cu desăvârșire. Da, banii sunt importanți, însă nu înseamnă totul. Da, e ok să-ți dorești o viață mai bună, e omenește, însă caută să-ți realizezi potențialul tău autentic, nu copia, nu te uita în dreapta sau în stânga. Ce ești tu, nu poate fi nimeni, locul tău de drept divin doar tu îl poți ocupa, de ce să îl lași gol? De ce să nu faci o diferență? De ce să nu schimbi vieți? De ce să nu fii un far în întuneric?

O bună vreme m-am torturat efectiv cu tot felul de gânduri și idei care reveneau obsesiv și spuneau: „nu ai realizat nimic în viață până acum, ești nefolositoare, nu ești importantă, poți la fel de bine să nu mai exiști. Ce poți face tu? Ce știi să faci? Ai terminat o facultate degeaba, ești mică și nesemnificativă, nu o să realizezi nimic, niciodată". Pur și simplu mă automutilam sufletește, opunând rezistență la tot ce există și la tot ce puteam fi. Apoi ceva magic s-a întâmplat: am început să mă accept și să mă iubesc, am început să nu mai dau importanță la ce cred ceilalți, mai ales dacă nu au ceva bun de spus. Am început să îmi dau voie să fiu pur și simplu eu. Soțul meu îmi mai spune uneori că i se pare c-am luat-o razna. Și ce? Sinele lui știe schimbarea și o recunoaște, e o chestiune de timp până când se va petrece și cu el. Dragilor, acum, mai mult ca oricând, este vremea schimbării, a redescoperirii ființelor divine care suntem, este timpul să ne atingem scopul existenței noastre pe acest pământ minunat, acela de a experimenta bucuria în orice clipă.

Nu uita că schimbarea este inevitabilă. Cu cât te opui mai mult, cu atât mai multe dificultăți vei întâmpina, chiar suferințe, boli. Toate încearcă să te facă să-ți dai seama cine ești tu, cel din spatele aparențelor, a măștilor autoimpuse. Cheia este acceptarea, non-rezistența. Odată ce înțelegi asta, totul se modifică. Redevii stăpânul vieții tale, redevii cine ți-ai propus să fii înainte de a veni pe acest pământ. Fii împăcat cu tine, acceptă-te și iubește-te, iartă-te, permite-ți să fii un tu autentic, original. Crede-mă că ai puterea și voința de a fi oricine îți dorești. Dacă ai un vis, atunci ai toate condițiile pentru a-l îndeplini. De aceea ți-a fost dat, voința divină te ghidează permanent, dă-ți voie să ieși din cușca autocreată, rupe-te de orice limitări și blocaje, căci în plan divin acestea nu există. De ce le menții? De ce continui să te torturezi? Eliberează-te, om minunat, unește forța ta cu a divinului și nimic nu te va putea opri. Nimeni și nimic nu se poate opune binelui tău.

*

Meditația a devenit o practică importantă în viața mea. Mă bucur de ea zilnic și de fiecare dată este diferită și uimitoare. Descopăr energia care sunt și mă bucur de ea. Mă regăsesc la un nivel mai înalt decât în lumea tridimensională, care este destul de limitată din acest punct de vedere.

Aș vrea să vă destăinui faptul că, de când am pornit pe cărarea emoționantă a *cine sunt eu cu adevărat*, am învățat să fiu selectivă cu absolut orice lucru sau acțiune intră în sfera mea vibrațională. Nu mai urmăresc televizorul decât rar, și atunci caut emisiuni științifice sau spirituale. Pe internet de asemenea filtrez conținutul, în felul acesta văd doar lucruri cu care rezonez - iubire, pace, armonie, videoclipuri motivaționale. Citesc orice carte îmi stârnește curiozitatea. De cele mai multe ori, găsesc câte un răspuns în orice ajunge la mine. Sunt deschisă către intuiție și destul de des mă simt ghidată de voința divină.

Nu am fost mereu așa. Am fost și eu temătoare, îngrădită și ușor de influențat, însă odată ce descoperi cine ești și ce poți face, absolut toate iluziile dispar. Chiar dacă rațiunea (creierul) mai încearcă să mă oprească, eu merg înainte.

Mel Robbins a ajuns la concluzia că fiecare om are o „fereastră" de 5 secunde (sau mai puțin) în care poate ajunge de la idee la punerea ei în practică, înainte ca mintea să îi saboteze orice schimbare de comportament.

Regula de 5 secunde e o formă de metacogniție, adică o metodă prin care îți poți „păcăli" propriul creier atunci când vrei să atingi un scop. Aplicând-o, întrerupi un tipar de comportament pe care îl faci pe pilot automat. Deține controlul asupra situației și vei deveni dintr-o persoană pasivă, una activă.

Orice îți vine în minte și vrei să faci sau orice vrei să faci instinctiv, trebuie să o faci în 5 secunde, pentru ca creierul tău să nu te împiedice. Poți aplica această regulă în absolut orice situație. Astăzi, de exemplu, ai vrut să treci pe la piață ca să-ți iei fructe proaspete. Nu ai mers exact când ai vrut, ca urmare ai lăsat-o baltă și nu te-ai mai dus deloc, deci ai ezitat. Apoi în altă zi ai ezitat să porți o dis-cuție, apoi să iei o decizie ș.a.m.d.. Este un cerc vicios, amâni tot timpul și te trezești într-o bună zi că îți displace cine ești și ce ai devenit.

O să spui: bine-bine, acționez, însă nu văd nicio dife-rență, merg în continuare la un serviciu pe care îl detest și nu pot să schimb nimic. Vezi tu, schimbarea trebuie să înceapă de undeva, să rupi rutina și să acționezi diferit, chiar dacă asta înseamnă că e nevoie să renunți la un job sau la o persoană. Caută să asculți intuiția. Ai vreo idee sau un plan la care visezi de mult timp? E cazul să îl pui în aplicare. Sau cineva ți-a propus un parteneriat, dar ai refu-zat imediat fiindcă te-ai temut să renunți la actualul job. Ei bine, e necesar să pornești de undeva, nu te teme, cere indicații de la divinitate și ele vor apărea, doar fii deschis, poate este o conversație pe care o auzi în magazin sau un rând pe care îl citești undeva, vei ști sigur că acela e răspun-sul pe care îl aștepți, doar fii încrezător. Roagă-te, spune: Dumnezeule sau Spirit Infinit, arată-mi calea pe care să o urmez, deschide drumul către iubirea, prosperitatea, sănă-tatea ce îmi aparțin prin drept divin. Apoi menține afir-mația și crede în ea, universul lucrează la îndeplinirea ei de cum ai gândit-o și rostit-o. Nu te preocupa de rezolvarea ei, divinitatea o va face, doar fii relaxat și vei constata cu uimire că, odată ce nu te mai zbați să controlezi totul, accepți ideea că nu ai cum să știi sau să prevezi ce va urma și doar Dumnezeu știe ce este cel mai bine pentru tine și evoluția ta. Am observat că aici este un mare prag: oamenii vor să știe ce urmează, sunt temători, se frământă, chiar apelează la mediumi, ghicitori. Ei bine, aceștia „văd" subiectiv, adică prin prisma minții și nivelului lor. La fel ca oricare alt lucru ce ține de persoana umană, nimeni, în afară de Spiritul Infinit, nu știe ce va urma. Acceptă asta! Unde ar mai fi bucuria dacă ai ști totul dinainte? E un defect al minții care încearcă să te țină ocupat, mergi dincolo de minte, ascultă și vezi cu inima, acolo găsești răspunsurile.

Un alt prag îl constituie vârsta. Care este doar un număr, dragilor, spiritul nu cunoaște îmbătrânirea, el este veșnic tânăr, nu contează că ai 17, 27, 37, 45, 56, 77 sau 89 de ani, sunt doar cifre. Întemeietorul lanțului de fast food KFC și-a urmat intuiția la 66 de ani, după ce la 65 a vrut să se sinucidă, iar la 73 de ani a devenit milionar cu lanțurile de restaurante KFC. Scepticii vor spune: dar ce folos, că a mai trăit puțin și a murit. Ba este de un mare folos. Și-a urmat vocea interioară, a găsit prosperitatea, abundența, nu va muri în condiții mizerabile. Pe tărâmul de dincolo nu luăm nimic niciunul dintre noi. Chiar dacă îngropi mașina de sute de milioane cu tine, va fi mâncată de rugină. Morala este alta: se poate oricând, trebuie doar să-ți dorești cu adevărat. Scuze poate găsi oricine, și eu m-am victimizat ani de zile considerându-mă inferioară altora. Este o boală generalizată, din ce-am observat. Ridicăm la un rang superior pe cei care au reușit, îi invidiem, atribuim succesul lor șansei pe care noi n-am avut-o. Dragilor, toți, dar absolut toți oamenii se nasc egali, fie într-o colibă, fie într-o vilă. Ei sunt doar victimele colectivului, familiei, până când încep să aibă discernământ și își controlează singuri viața. Învățați-vă copii că pot fi și că pot face absolut orice își doresc. Învățați voi înșivă să vedeți binele în orice situație, eliberați-vă de programările sociale, religioase, culturale, de orice vă menține starea de frică în interior. Nu aveți pentru ce vă teme, sunteți perfecțiune, sunteți spirit în trup. Nu există nimic ce nu puteți face cu ghidare divină, căutați să vă educați mintea să vadă binele, iubirea din orice om. Ceea ce Dumnezeu a făcut pentru alții, va face și pentru voi. Mai mult decât atât, e nevoie doar să o cereți, Dumnezeu nu poate să intervină dacă voi nu îi cereți asta.

Un ultim blocaj, poate cel mai important, este că oamenii se tem că nu merită. Nu merită să fie iubiți, nu merită să fie prosperi, nu merită să-și îndeplinească dorințele. Dragă cititorule, meriți ORICE, dar mai ales iubire. Cultivă-ți iubirea de sine și îți promit că vei cunoaște perfecțiunea din spatele măștilor pe care le porți, le vei abandona în momentul în care vei simți efectiv că, dacă tu te iubești, toți te iubesc. Dumnezeu te iubește indiferent de ce-ai făcut și ce faci, nu există nici o condiție obligatorie pentru ca Dumnezeu să te iubească, El te iubește mai presus de înțelegerea ta umană. Am fost și eu acolo, și eu am crezut că Dumnezeu îi iubește doar pe cei evlavioși, pe cei care au reușit în viață, pe oricine în afară de mine. Fiindcă eu nu știam să mă iubesc și să mă accept cu adevărat, nu concepeam ideea că altcineva, și mai ales iubirea supremă, care este Dumnezeu, mă poate iubi pe mine, o biată ființă nesemnificativă, care nu știe ce vrea de la viața ei, toate acestea pentru că pierdusem contactul cu ființa mea divină, cu centrul sufletului meu, vedeam doar exteriorul, învelișul, care nu există niciodată de sine stătător. Nu poți exista fără duhul lui Dumnezeu în tine, el face totul posibil. Odată ce am învățat să mă accept fără să mă judec și fără să mă blamez, am început să mă iubesc. Și atunci mi-am dat seama că Dumnezeu mă iubește necondiționat. Pentru El, tu sau un sfânt sunteți la fel și iubirea pe care o simte față de voi este aceeași.

Anita Moorjani, în cartea sa *Am murit și m-am descoperit pe mine însămi*, vorbește deschis despre experiența ei în preajma morții. Cum, după ce a intrat în comă, spiritul i-a ieșit din corp și a simțit dragostea nemărginită a lui Dumnezeu. Și s-a întors înapoi în corp, vindecându-se miraculos de cancer în fază terminală, boală care o adusese în stadiul de a i se opri toate funcțiile vitale. Ea s-a întors cu mesaje deosebit de frumoase, printre care și „mergi și trăiește-ți viața fără teamă".

Despre asta e vorba, trăiește, trăiește cu adevărat pentru tine însuți, fă ceea ce îți aduce fericire, nu amâna nici măcar 5 minute ceea ce-ți dorești, bucură-te de tine însuți, de divinitatea din tine și din toți oamenii. Iubirea și pacea încep cu tine însuți. Evită persoanele toxice care se plâng mereu, roagă-te pentru ele, evită situațiile care te împovărează, iubește ceea ce ești și ceea ce ai și îți promit că miracolele vor apărea. În momentul în care te plângi și spui că nu ai, menții starea de a nu avea, îți îngrădești posibilitățile infinite. E ca și cum te-ai opune binelui. Orice situație sau persoană cu care te întâlnești reflectă ceea ce este deja în tine, ceva care fie îți place, fie nu. Roagă-te pentru ei, binecuvântează-i și îți vei schimba viața.

*

Îmi iubesc viața!
Îmi iubesc familia!
Îmi iubesc casa!
Îmi iubesc pământul de sub picioare!
Iubesc universul!
Iubesc fiecare clipă în parte!
Îmi iubesc spiritul, mintea și trupul, iubesc fiecare celulă din mine însumi!

Îl iubesc pe Dumnezeu atât de mult și simt iubirea Lui în fiecare clipă.

De câteva zile aplic metoda asumării depline a responsabilității, Ho'oponopono, care duce omul la un nivel cu totul deosebit. Odată ce o simți dincolo de rațiune și o aplici ca pe o rugăciune, are puterea să te transfigureze.

Rezonează foarte mult cu ceea ce simt și încerc și eu să transmit, însă conduce procesul de responsabilizare mult mai profund, în interior. Ho'oponopono înseamnă a face ceea ce este potrivit sau a îndrepta o greșeală.

Morrnah Nalamaku Simeona, creator al Ho'oponopono Identitate de Sine, a afirmat că „Ho'oponopono este un dar profund, care ne permite să dezvoltăm o relație de lucru cu Divinitatea din interior și să învățăm să cerem ca, în fiecare moment, greșelile din gândurile, cuvintele și faptele noastre să fie curățate. Procesul este în mod fundamental despre libertate, despre o eliberare completă de trecut."

Joe Vitale, împreună cu doctorul Ihaleakalá Hew Len, au lansat cartea „Zero limite", unde se găsesc o parte din detaliile despre această tehnică. Mai multe informații interesante se pot obține doar în cadrul seminariilor specifice organizate.

Această abordare susține că ne naștem perfecți, parte integrată în Unime, în Tot, știind cine suntem, fără idei preconcepute, fără gânduri de separare, dar pe măsură ce creștem, acumulăm tot felul de idei, convingeri, tipare greșite care duc spre supraaglomerarea minții, interiorului și pierderea conexiunii cu divinitatea. Aici intervine Ho'oponopono, care, în opinia mea, înseamnă doar iubire, recunoștință și iertare acordată propriului eu. Aceasta intervine la cererea ta și curăță tot ce nu este parte din iubire și unime. Cum? Spunând *Te iubesc* oricând și oricui, dacă nu cu voce tare, măcar în gând. De asemenea, trebuie să recunoști că este o problemă în interior, sau mai multe, după caz, și spui eului tău „Îmi pare rău, te rog să mă ierți! Mulțumesc!" Când spui mulțumesc, ești recunoscător, știind că purificarea s-a realizat deja. Atât! Simplu, nu? Însă partea care nu este atât de ușoară (sau este?) presupune să îți asumi responsabilitatea pentru tot ce ți se întâmplă ție personal, dar și tuturor celor din jurul tău. Dacă ai atras o persoană, acest lucru s-a întâmplat pentru că, la nivel de idei, convingeri, amintiri există o legătură comună. „Nu este vina ta, dar este responsabilitatea ta". Subconștientul adună constant gânduri, cuvinte, absolut tot ce intră în sfera lui, iar conștientul reține doar o parte infimă. Așadar, nu putem ști sigur, cel puțin nu mereu, care este problema, de aceea alegem să ne purificam și să reinstaurăm pacea eului interior. Cui ar fi cel mai bine să spui te iubesc? Copilului tău interior, sufletului tău, pe care multă vreme l-ai ignorat, l-ai făcut să se simtă abandonat și uitat. Vei vedea pe parcurs cum te schimbi, fiindcă programul greșit care rula în tine s-a șters și se va șterge și din ceilalți, deoarece ei nu-și mai pot juca rolurile vechi. Așadar, când tu te purifici în interior și ești conectat cu sufletul și cu divinitatea, îi ajuți și pe ceilalți. Este uimitor cum, lucrând în interiorul tău, poți schimba și exteriorul, efectiv lumea întreagă.

Slavă Ție, Doamne, că ești mereu cu noi și faci totul posibil. La început o să ți se pară ciudat să tot repeți „Îmi pare rău, te rog să mă ierți, mulțumesc, te iubesc", însă practicând, vei observa îmbunătățiri. Te simți mai ușor, ca și cum ai fi regăsit bucuria vieții. Parcă și oamenii te vor privi altfel. Știi de ce? Pentru că emani iubire. Un sine purificat atrage ca un magnet, iar oamenii vor, inconștient, ce ai tu. Asta vrem cu toții până la urmă, să fim iubiți și acceptați.

Dragii mei, așa cum v-am mai spus, dorința mea cea mai mare este ca Dumnezeu să mă facă să văd cum vede El. Ei bine, această practică este cea mai potrivită cale de a merge în întâmpinarea acestei dorințe, exact cum știu, nimic nu este întâmplător, Domnul este cu mine, mă ghidează să îndeplinesc lucrarea Sa extraordinară.

O asistentă medicală din Australia, care și-a petrecut mulți ani din viață îngrijind persoane care-și trăiau ultimele lor zile, a postat pe blogul său personal *Inspiration and Chai* un top cinci cu cele mai mari regrete ale persoanelor aflate pe patul de moarte. Acestea sunt:

1. Îmi doresc să fi avut curajul să-mi trăiesc cu adevărat viața pentru mine, nu viața pe care alții o așteptau de la mine.

2. Îmi doresc să nu fi lucrat atât de mult (majoritatea bărbaților).

3. Îmi doresc să fi avut curajul să-mi exprim sentimentele.

4. Îmi doresc să fi păstrat legătura cu prietenii mei.

5. Îmi doresc să mă fi lăsat să fiu mai fericit.

Așa cum poți observa, dragă cititorule, o viață pe care o trăiești doar în aparență, pentru a-i mulțumi pe ceilalți, îţi aduce doar suferinţa. În acest fel îţi abandonezi copilul interior, îţi opreşti orice comunicare cu divinitatea şi te supui doar exteriorului şi iluziilor sale înşelătoare. Ai observat că, odată ce îţi împlineşti o dorinţă, apare alta şi apoi alta, iar la un moment dat ai aproape tot ce îţi doreşti, însă simţi că nu eşti fericit, că ceva lipseşte? Acesta este ego-ul, el niciodată nu este mulţumit şi împăcat, el mereu râvneşte, tace doar când tu ştii cine eşti şi te transformi într-un instrument al divinităţii, atunci când tu eşti conştient de fiinţa ta lăuntrică şi acţionezi din inspiraţie divină, nu din programe sau amintiri din subconştient. Nu există coincidenţe, nu există hazard. Tot ce atragi este pentru că tu ai chemat, conştient sau inconştient. De aceea este benefic să te purifici constant, mintea nu-şi ia pauză. Atunci când te afli într-o situaţie pe care o consideri neplăcută, întreabă-te ce anume din subconştient a declanşat-o, mulţumeşte şi las-o să plece. Priveşte cu iubire şi vei constata că se rezolvă de la sine. Nu-ţi bate capul, nu te opune, divinitatea o va rezolva pentru tine. Un lucru important este că, de obicei, omul priveşte doar din perspectiva sa limitată. El nu vede ansamblul, cum ar putea? Însă, de cele mai multe ori, chiar după o vreme, realizează că s-a întâmplat exact ce trebuia, exact atunci când trebuia. Deşi uneori refuzăm cu încăpăţânare să credem că tot ce se întâmplă este spre binele nostru mai înalt, ne învinovăţim şi ne judecăm pentru situaţia creată. De fapt, aceasta este o nouă şansă pentru ca o amintire blocată să iasă la suprafaţă, să fie tratată cu iubire şi lăsată să plece.

Este un obicei extrem de nociv să ne îngrădim sinele autentic, să ne judecăm şi să ne spunem că nu suntem pe placul celorlalţi sau că cineva nu ne place. Ei bine, trebuie să te placi tu mai întâi, să te iubeşti şi să faci lucruri şi fapte care îți aduc bucurie. De ce crezi că ai venit aici? Ai ceva de îndeplinit, şi anume să faci ceea ce-ți bucură sufletul, să fii fericit şi să împarți cu ceilalți fericirea ta. Când a uitat umanitatea adevăratul sens al vieții? Când s-au transformat oamenii în roboți? Când am uitat bucuria de a fi? De a iubi? De a ajuta un seamăn, o plantă, un animal?

Este timpul să ne reamintim cine suntem. Acum este timpul păcii, al întoarcerii la divinitate, acum este cel mai bun timp pentru a-ți da voie să fii adevăratul tu, cel autentic şi plin de Scânteie Divină. Lumina şi strălucirea sunt în tine, nu te-au părăsit niciodată. Acceptă ca iubirea divină să se conecteze cu tine, căci aceasta este starea ta naturală, bucuria de a fi.

Te iubesc! Mulțumesc!

Sfârșitul cărții întâi.

Puteți contacta autorul la adresa de email *emadinescu@ yahoo*.com sau în cadrul platformei Facebook, la blogul *Pagini de Jurnal*.